한국인이 가장 좋아하는
절집 말씀

일러두기

1. 이 책의 주련 소개 순서는 사찰에 들어가는 동선에 따라 만나는 법당의 순서대로 정리하였습니다.
2. 독자의 이해를 돕기 위해 게송 해석은 운문이 아닌 산문의 형태로 작성하였습니다.
3. 게송 순서는 현재 사찰 법당에 걸린 주련의 순서가 아니라 원전에 쓰인 순서입니다.
4. 게송 한자는 원전에 있는 한자로 정리하였고, 필요에 따라 주련에 적힌 한자를 쓰거나 각주에 언급하였습니다.

**대자유의
세계로
내딛는
사찰 주련
한 구절**

한국인이 가장 좋아하는
절집 말씀

목경찬 지음

불광출판사

들어가며
스쳐 간 한 구절 말씀에도 공덕이 있으니

"만약 이 경 가운데서 한 게송만이라도 받아 지니고 다른 사람을 위하여 설한다면, 그 복덕이 이 세상에 가득 찬 일곱 가지 보물을 보시한 복덕보다 뛰어나리라."
_『금강경金剛經』

제가 부처님 가르침을 공부한 지는 30년이 훨씬 지났습니다. 그 과정에서 이런저런 인연으로 사찰 문화에 관심을 가지고 이 절, 저 절 다닌 지는 어느덧 30년 세월이 다가옵니다. 그 세월 동안의 경험으로 사찰 문화 및 사찰 순례 전문가로 활동하고 있지만, 여전히 부족한 점이 많습니다. 특히 사찰 건물 여기저기에 걸려 있는 글귀인 주련은 여전히 낯설기만 합니다.

주련柱聯은 시구나 문장을 종이나 판자에 새겨 기둥[柱]에 잇달아[聯] 걸어 둔 것을 말합니다. '기둥이나 벽 따위에 장식으로 써 붙이는 글귀'라고 간단하게 설명하지만, 장식 그 이상입니다. 주련에 새겨진 경전 구절 등을 통해 부처님 가르침을 전함으로써, 사찰 전각이 단순한 건축물이 아니라 부처님 가르침이 함께하는 수행 공간임을 일깨워 줍니다.

사찰 주련은 법당마다 글귀의 주제가 다릅니다. 각 법당에 모신 불보살님과 관련된 경전 내용을 인용하기 때문입니다. 또한 같은 법당이라도 사찰마다 전하고자 하는 가르침에 따라 차이가 날 수도 있습니다. 관심을 가지고 보면 조금은 알 수 있는데, 쉽지는 않습니다. 대부분 한문이거나 혹은 한문을 조금 알더라도 흘림체인 경우가 있기 때문입니다. 또 우리말로 풀이하여 한글로 되어 있더라도 어려운 내용이라 쉽지 않습니다.

저 또한 관심을 가지고 조금씩 다가가고 있을 뿐, 크게 다르지는 않습니다. 그 관심의 밑바닥에는 앞서 언급한 『금강경』 말씀이 중요한 역할을 합니다. 앞에서 '한 게송만이라도'라고 풀이한 원문은 '乃至四句偈等(내지사구게등)'입니다. 이는 딱 떨어진 네 구절 게송[四句偈]만이 아니라 '한 글자에서 나아가[乃至] 사구게, 그리고 나아가[等] 경전 전체'라는 뜻입니다. 경전 한 글자도 좋고 나아가 경전 전체도 좋다는 말씀입니다. 이는 주련에 있는 내용 전체를 현재 모르더라도 조금씩 알아간다면 그 자체로 큰 공덕이 있다는 말씀으로 읽힙니다.

이러한 부처님 가르침에 힘입어 모든 이와 공덕을 함께 하고자 우리나라 사찰 주련을 모아 보았습니다. 일차로 모은 수백 편의 주련 가운데, 여러 사찰 주련에서 반복하여 보이거나 법문과 불교 서적 등에서 자주 또는 중요하게 언급되는 게송을 백 편 정도 추려 보았습니다. 또 많지는 않으나 당대의 고승·서예가·역사적 인물 등이 쓴 주련도 주요하게 여겨 몇 편 언급하였습니다.

무엇보다 주련에 대해 흥미롭게 다가갔으면 하는 바람에 사찰 문화, 불교 문화를 접한다는 느낌으로 주련을 분류하고 풀이하였습니다. 사찰에 들어가는 동선에 따라 만나게 되는 법당 순서대로 주련을 정리하였으니 사찰을 순례하듯이 일주문 주련부터 살펴봐도 되고, 관심 있는 법당 주련을 중심으로 살펴봐도 됩니다. 그리하여 이 책을 보고 나면 주련을 통해 사찰 순례를 하였다는 느낌이 들었으면 합니다. 그래서 이 책에 또 다른 이름을 붙여 본다면 '불교 문화와 함께 읽는 사찰 주련'이라고도 할 수 있겠습니다.

긴 세월, 여러 인연입니다. 언제부터인가 사찰 주련에 관심이 많았습니다. 그 마음이 불광출판사에 전해졌는지 이렇게 함께 작업하게 되었습니다. 불광출판사 관계자 여러분에게 고마운 마음을 전합니다. 그리고 25년 동안 가족처럼 저를 품어 주는 천안 각원사 조실 경해법인 큰스님, 주지 지산대원 큰스님, 그리고 각원사 사부대중 식구들 역시 너무도 고맙습니다. 사찰 순례를 함께 다니고 불교대학 등을 통해 늘 부처님 가르침을 함께하는 시간이 있었기에 가능한 작업이었습니다. 끝으로 작년부터 일요 법회에서 사찰 주련을 통해 부처님 가르침을 함께하는 조계사 연화법회 불자님들에게도 고마운 마음을 전합니다. 모두 고맙습니다.

불기 2569년 7월, 강바람이 그리운 어느 날
북한강 희견재에서
목경찬 합장

차 례

004 **들어가며** 스쳐 간 한 구절 말씀에도 공덕이 있으니

제1장.
산사의 첫 문, 부처님 세계의 문턱

일주문
020 이 문에 들어서면 알음알이를 가지지 마라
022 화목하고 규율을 지켜야 한다
024 탐내어 쌓은 물건 하루아침 티끌이라
026 언제나 지금
028 마음에서 마음으로 전하다

금강문
030 허공에 가득한 옹호신중을 찬탄하다
032 신중은 종류도 많고 모습도 각각

천왕문
035 신중들이여, 불국토를 상서롭도록 도와주소서
038 천신이 신통과 묘용으로 부처님을 옹호하다
040 사천왕, 세상을 돌며 벌과 재앙을 주다
042 제석천, 중생을 가엾게 여기다

해탈문(불이문)	045	보리도량에 나아가 금강보좌에 오르다
만세루 등	049	과거, 현재, 미래의 잘못을 참회하다
	052	경전은 마음으로부터 나온 법사리
	055	모든 것은 오직 마음이 지었다
범종각	058	종소리가 온 세상에 두루 퍼져
	060	종소리를 듣고 모든 번뇌가 사라지다
	063	나의 마음은 이미 서방 정토에
	066	범종 소리는 몸과 마음을 맑게 한다
	068	너와 나를 위한 신행으로 변화하다

제2장.
부처님이 중심인 법당

적멸보궁	074	진신사리를 지금 그대로 모셨으니
	076	진신사리의 공덕이 전해지다
	078	방편으로 열반을 보이다
	080	손가락을 보지 말고 달을 보자
	083	금강계단을 돌면서 금강계단을 찾다
대웅전	086	하늘 위 하늘 아래 부처님 같은 분은 없으니
	088	모든 부처님은 대웅大雄이다
	091	천 개의 강에는 천 개의 달이 뜨고
	094	물에 비친 달을 잡으려 해도
	098	항상 보리좌에 앉아 있다
	100	모든 부처님의 공덕은 모두 같다

	102	모든 성인이 법회에 왕림하다
	104	인연에 따라 푸르거나 누렇게
	106	세간에서 허공처럼 연꽃처럼
	108	부처님은 진묵겁 전에 성불하였다
	110	바닷물 다 마시고 바람 붙잡아도
	112	서풍이 임야를 흔들고 외기러기가 울다

대적광전 115 부처님의 몸이 큰 광명을 널리 놓으니
118 맑음이 지극하여 빛이 환하고
122 시방에 두루한 화엄세계

극락전 125 아미타 부처님이 있는 곳?
128 무량 생명, 무량 광명인 아미타불
130 나무아미타불 한 번이라도 하면 극락 간다
132 학의 머리가 붉음을 몇 번이나 보았는가
134 한순간에 무량한 공덕을 이룬다
137 모든 수행의 기본은 생각 내려놓기
140 삼계는 우물의 두레박과 같아서
142 나와 남이 일시에 불도를 이루어지이다

약사전 144 동방 유리광정토 만월세계에 있는 약사여래
146 십이대원으로 중생을 맞이하다

미륵전 149 일생보처보살인 미륵보살
151 56억 7천만 년 후 오는 미륵 부처님
154 오늘 잠시 인간 세계에 온 미륵보살

천불전 156 천 개의 해가 삼천대천세계를 비추듯이
159 중생을 위해 천 분의 부처님이 나타나다

제3장.
보살님이 중심인 법당

관음전
- 166 보타락가산에 있는 관음보살
- 168 영락으로 장식하고 백의의 모습이다
- 172 관세음보살을 부르니 감로수를 뿌려 준다
- 174 남순동자가 관음보살의 법문을 듣다
- 176 관세음보살은 바로 곁에 있다
- 179 …보살 관세음 보살 관세음…

지장전
- 182 지장보살의 위신력은 말로 다할 수 없다
- 184 지장보살의 서원은 마칠 때가 없다
- 187 석장으로 지옥문을 열다
- 190 지장보살에게 다가가야 응해 준다
- 193 지장보살의 교화는 어느 때 끝나겠는가
- 196 시왕은 인간을 환하게 살펴본다

문수전
- 198 큰 지혜로 보살 중 으뜸인 문수보살
- 200 대지문수보살 대행보현보살
- 202 전삼삼 후삼삼
- 206 성 안 내는 얼굴이 참다운 공양구요

제4장.
부처님 가르침이 숨 쉬는 법당

팔상전　　212　삼천대천세계에 두루한 소식

영산전　　214　지금도 영축산에서 설법하다
　　　　　　216　십육 나한이 부처님을 모시고 있다
　　　　　　218　달이 천 강에 비치듯
　　　　　　220　빈 배에 달빛 가득 싣고 돌아오다

응진전·나한전　222　가섭 존자가 어찌 전하겠는가
　　　　　　224　아라한은 복전이다
　　　　　　226　전법도생으로 부처님 은혜를 갚다

대장전·장경각　228　경전과 함께한 공덕을 회향합니다
　　　　　　231　중생 근기에 따라 팔만대장경이 있다
　　　　　　234　육천 권 경전이 여기에 있다
　　　　　　236　원각도량은 생사가 있는 바로 여기다

조사전　　238　서쪽에서 온 조사의 뜻은?
　　　　　　241　청산은 변함없이 겁전의 봄이다

제5장.
이 땅의 신앙이 살아 있는 법당

칠성각·북두각　248　칠성이 목숨을 연장해 주다
　　　　　　251　강에 달 비친 듯 인연에 감응하여
　　　　　　254　여러 성군을 거느리는 자미대제

독성각·천태각	256	나반 존자의 신통은 세상에 드물다
산신각·산령각	259	구름과 학을 타고 중생을 제도하다
	262	산신이 되어 이 도량을 살피리라
용왕각	264	용왕이 비구름을 내리다

제6장.
수행의 현장에서 묻고 답하다

대중방	270	이곳은 부처님 뽑는 과거장이다
	272	부처님의 무루지에 들게 하다
	274	목숨을 버릴지언정 파계하지 않으리라
	276	도를 배운다면 처음처럼
	279	힘이 센 뇌공이 소리를 감추지 못해
	282	법문을 어찌 일찍이 설하였겠는가
	285	소가 되어도 콧구멍 뚫을 곳이 없다
	288	꽃을 드니 미소를 짓다
	290	참으로 공한 가운데 묘하게 있어
	292	나는 누구인가?
	294	대장부가 가는 곳이 고향이다
	296	화롯불에 눈송이요 햇볕에 이슬이라
	298	하늘은 이불, 땅은 자리, 산은 베개
	300	이번 생을 헛되이 보내지 말도록 하라
	302	믿음은 도의 으뜸이며 공덕의 어머니

이 종소리가 세상에 두루 퍼져

철위산의 어두움에서 모두 다 밝아지고

삼악도는 고통에서 벗어나서 도산지옥은 부서지고

모든 중생이 바른 깨달음을 이루기를 원합니다.

제1장.

산사의 첫 문, 부처님 세계의 문턱

이 문에 들어서면 알음알이를 가지지 마라

『벽암록碧巖錄』

入此門來 莫存知解　입차문래 막존지해
無解空器 大道成滿　무해공기 대도성만

이 문 안에 들어서면 알음알이를 가지지 마라.
알음알이 없는 빈 그릇이 큰 도를 가득 채운다.

◈ 문경 김룡사 홍하문紅霞門(일주문) ◈

산사로 들어서는 일주문 등 산문에서 볼 수 있는 글이다. 일주문一柱門은 부처님 세계, 부처님 가르침으로 들어가는 산사의 첫 문이다.

부처님 가르침을 얻기 위해서는 신심信心을 바탕으로 하심下心이 필요하다. '하심'은 자신을 낮추고 비우는 수행으로, 불교 공부의 시작이자 끝이다. 나 자신이 잘나고 제일이라고 우쭐대는 모습이야말로 가장 어리석고 모자라는 일이며, 부처님 가르침과 정반대로 가는 행위이다.

　자기 나름의 지식이나 견해를 '알음알이'라 한다. 알음알이가 가득 차 있다면, 다른 가르침을 받아들이기 쉽지 않다. 부처님 가르침, 큰 도를 얻고자 한다면 자신을 비우는 하심이 필요하다. 자신이 잘 안다는 생각으로 가득 차 있는데 무엇이 들어오겠는가. 비우고 비워 텅 비게 되면, 큰 가르침으로 가득하다.

　한편으로는 조심해야 한다. '분별하지 마라, 믿어라.'라는 말을 그대로 받아들이고서 생각과 판단을 무조건 내려놓아도 문제다. 엉뚱한 가르침의 세계로 들어가는 경우를 가끔 보기 때문이다. 바른 가르침의 길로 가고자 한다면 더디더라도 살피면서 갈 필요가 있다.

　상식을 고집하지도, 무조건 내려놓지도 말아야 한다. 참 힘들다. 상식을 너무 고집하면 큰 가르침으로 나아가기 어렵고, 상식을 너무 내려놓으면 엉뚱한 길로 들어서니 말이다.

화목하고 규율을 지켜야 한다

異姓同居必須和睦　이성동거필수화목
方袍圓頂常要淸規　방포원정상요청규

다른 성을 가진 이들이 모여 사니 반드시 화목해야 하고,
가사를 입고 삭발하였으니 언제나 규율을 지켜야 한다.

◈ 양산 통도사 일주문—柱門 석주 ◈

'방포方袍'는 네모진 두루마기라는 뜻으로 스님이 입는 가사를 말하고, '원정圓頂'은 둥근 머리라는 뜻으로 삭발한 모습을 나타낸다. 즉 '방포원정方袍圓頂'은 출가하여 스님이 되었다는 뜻이다.

출가하면 승가의 구성원이 되기 때문에 대중 생활이 불가피하다. 그런데 다른 성을 가진 사람들이 모였다고 표현하는 만큼 참으로 다양한 대중이 함께한다. 그러므로 원만한 대중 생활을 위해 배려와 화합이 무엇보다 중요하다. 이는 승가(Samgha)를 '화합대중'으로 번역하는 것에서도 잘 나타난다.

그러나 서로 다른 개성과 가치관을 가진 대중이 함께하다 보니 간혹 불협화음이 일어날 수 있다. 따라서 대중 생활을 위해서는 최소한의 규율이 필요한데, 여기에는 부처님 당시 제정한 계율부터 각 수행처에서 별도로 정한 규율인 '청규淸規'가 있다.

그런데 계율, 규율은 대중 화합 이상의 역할을 한다. 계를 지킴은 모든 수행의 시작이자 근본이다. 계의 그릇이 온전하고 견고해야 선정의 물이 맑게 고이고, 따라서 지혜의 달이 나타난다.

"음란하면서 참선하는 것은 모래를 쪄서 밥을 지으려는 것과 같고, 살생하면서 참선하는 것은 제 귀를 막고 소리를 지르는 것과 같으며, 도둑질하면서 참선하는 것은 새는 그릇에 가득 차기를 바라는 것과 같고, 거짓말하면서 참선하는 것은 똥으로 향을 만들려는 것과 같으니, 비록 많은 지혜가 있더라도 다 마魔의 도를 이루리라."

_서산西山 대사, 『선가귀감禪家龜鑑』

탐내어 쌓은 물건 하루아침 티끌이라

—

『자경문自警文』

三日修心千載寶　　삼일수심천재보
百年貪物*一朝塵　　백년탐물일조진

사흘 동안 닦은 마음은 천 년의 보배가 되고,
백 년 동안 탐한 물건은 하루아침 티끌이 된다.

◆ 여주 신륵사 일주문 ◆

『초발심자경문』은 고려 보조 스님의 『계초심학인문』, 신라 원효 스님의 『발심수행장』, 고려 야운 스님의 『자경문』을 하나로 편찬한 책이다. 출가자가 초심 때 혹은 초심을 잊지 않고자 할 때 경계하고자 공부하는 책이다.

위 주련은 『자경문』에서 '자기의 재물을 아끼지 말고, 남

- 貪物(탐물): 주련에는 貪欲(탐욕)으로 되어 있다.

의 물건을 탐내지 말라.'라는 말 끝에 등장한다. 바로 앞의 구절까지 함께 살펴보면 다음과 같다.

"이 몸이 죽으면 아무것도 가져가지 못하고, 오직 지은 업만 나를 따를 뿐이다. 사흘 동안 닦은 마음은 천 년의 보배가 되고, 백 년 동안 탐내어 쌓은 물건은 하루아침 티끌이 된다."

그런데 수행하는 동안 마음공부의 성과는 눈에 보이지 않는 경우가 많다. 반면 재물을 향한 욕심이든 노력이든 그 성과는 구체적으로 눈에 보인다. 수행 가운데 잠시 초심을 놓치면 보이지 않는 자신의 마음공부 성과는 아무것도 없다 여기고, 다른 이가 쌓은 재물이나 명예에 눈이 가는 중생의 분별심이 일어나기 쉽다.

산문에 들어서고 부처님 가르침을 배우는 가운데 조심하고 조심해야겠다.

언제나 지금

―

『금강경오가해설의金剛經五家解說誼』

歷千劫[●]而不古 역천겁이불고
亘萬歲而長今 긍만세이장금

천겁을 지나도 옛날이 아니며,
만세를 뻗쳐도 언제나 지금.

◆ **합천 해인사 일주문** ◆

함허涵虛 스님(1376~1433)의 『금강경오가해설의』 첫머리[序說]는 다음과 같다.

"여기에 한 물건이 있다. 이름과 형상이 없으나 고금古今

● 劫(겁): 겁은 시간 단위이다. 겁에 대한 몇 가지 계산법이 있는데, 한 예로 사방 40리 되는 바위를 하늘나라 선녀가 백 년마다 한 번씩 엷은 옷으로 스쳐서 마침내 그 바위가 닳아 없어지더라도 겁은 다하지 않는다.

을 꿰뚫고 있으며, 하나의 먼지 속에 있으나 동서남북과 상하를 모두 에워싸고 있다. (…)"

위 주련은 윗글 가운데 '고금古今을 꿰뚫고'를 설명하는 글이다. '한 물건'은 본래 청정한 마음·부처님 성품·깨달음의 세계·진리 그 자체 등을 일컫는 말이며, 한마음·일심·대승·불성·진여·주인공 등 다양한 언어로 표현한다.

언어는 한계가 있기 때문에 이 '한 물건'은 이름과 형상으로 나타낼 수 없다. 그러나 언어를 통하지 않고는 나타낼 수 없기에 '한마음' 등으로 억지로 이름할 뿐이다. '한 물건' 또한 억지로 붙여진 이름일 뿐이다.

한 물건은 이름과 형상이 없으나 그렇다고 없는 것이 아니라 과거·현재·미래에 두루하다. 한 물건, 즉 한마음은 천겁이 지나도 옛것이 아니고, 만세에 길게 이어져도 늘 지금이다. 오랜 세월 바다와 산이 서로 바뀜을 많이 겪었고, 바람과 구름이 변하는 모양을 몇 번이나 보았지만 늘 한결같다. '언제나 지금'.

이 마음이 '한 물건'인 보물인 줄 모르고 밖으로만 찾아다니며 과거와 미래에 얽매여 살았던 중생의 삶, 이 산문을 들어서며 내려놓을 일이다.

마음에서 마음으로 전하다

—

가산지관伽山智冠 스님 게송

以心傳心是何法　이심전심시하법
佛佛祖祖唯此傳　불불조조유차전
曹溪山上一輪月　조계산상일륜월
萬古光明長不滅　만고광명장불멸

마음에서 마음에 전하는 법이 그 무슨 법인가?
부처님이나 역대 조사祖師˙께서 오직 이것을 전하신다.
조계산 꼭대기에 둥근달처럼
만고에 이 지혜 광명은 영원히 멸하지 않는다.

◆ 서울 조계사 일주문 ◆

조계사는 2006년 일주문을 낙성하고 현판식을 거행하였다.

● 　조사祖師: 불교 종파를 개설한 스님, 또는 그 가르침을 이어 전한 스님을 일컫는다.

일주문에는 '대한불교총본산조계사大韓佛敎總本山曹溪寺'라는 편액과 주련을 걸었는데, 이 주련 게송은 당시 대한불교조계종 총무원장인 지관 스님(1932~2012)이 지었다.

일주문 현판은 사찰의 격을 나타낸다. 따라서 조계사는 대한불교 총본산이자 선禪을 근본 수행법으로 하는 조계종의 정신을 담고 있다.

일상생활에서 '이심전심以心傳心'은 본인이 굳이 표현하지 않았는데도 상대방이 알 때 하는 말로, 그만큼 널리 알려진 불교 용어다. 그러나 불교에서 마음으로 전하고자 하는 것은 단순하지 않다.

주련 게송을 보면, '마음에서 마음에 전하는 법이 그 무슨 법인가?'라는 물음에 그 법을 구체적으로 답하지 않고 '이것'이라고만 답하였다. 부처님과 조사가 전하는 것은 이름과 형상으로 나타낼 수 없기 때문이다. 굳이 이름하자면 한 물건, 한마음, 불성, 진여 등이다. 위의 게송에서는 '둥근달'로 비유하고, '광명光明'으로 표현하였다.

말은 한계가 있다. 그래서 마음에서 마음으로 전한다. 그런데 이름과 형상으로 나타낼 수 없는데 '이것'이라 하는 것도, 굳이 전한다는 것도 우습다. 가르침을 주고자 하니 어쩔 수 없다. 달을 가리키려면 손가락이 필요하지만, 달을 봐야지 손가락을 보면 되겠는가.

허공에 가득한 옹호신중을 찬탄하다

『석문의범釋門儀範』「신중작법」

擁護聖衆滿虛空　옹호성중만허공
都在毫光一道中　도재호광일도중
信受佛語常擁護　신수불어상옹호
奉行經典永流通　봉행경전영유통

옹호하는 성중은 허공에 가득한데,
모두 부처님 백호白毫● 광명의 한길 중에 계신다.
부처님 말씀을 믿고 받아들여 항상 옹호하고,
경전을 받들어서 길이길이 유통하신다.

● 백호白毫: 부처님 두 눈썹 사이에 난 희고 빛나는 털로서, 백호 광명은 한량 없는 세계를 비춘다.

◆ 보은 법주사 금강문金剛門 ◆

불법을 수호하는 '옹호성중擁護聖衆'을 찬탄하는 게송이다. 옹호성중은 불법을 수호하므로 호법성중護法聖衆, 호법신중護法神衆이라고도 한다. 이들 가운데 금강문과 천왕문에 자리한 금강역사, 사천왕이 자주 볼 수 있는 신중이다.

불교에서는 세상을 창조하는 전지전능한 신은 인정하지 않으나, 하늘이나 용처럼 인간보다 신통한 능력을 지닌 중생을 신神이라고 한다. 이러한 신들이 불법을 수호하고자 원을 세워 호법신중이 되었다.

이러한 옹호성중은 한두 명이 아니라 허공에 가득할 정도로 많다. 그러나 신중도 윤회하는 중생이므로 부처님의 자비와 지혜 광명이 필요하다. 따라서 부처님의 자비로 신중은 부처님 백호 광명으로 펼쳐지는 부처님 가르침 가운데 있다. '한길[一道]'이란 바로 부처님 가르침, 불법佛法이다.

경전에는 신중들이 수행하는 이를 받들고 보호하며 불법이 잘 유통되도록 다짐하는 장면이 자주 등장한다. 그리고 대부분 경전은 '대중과 신중들이 부처님 말씀을 믿고 받아들여 받들어 행하였다[信受奉行].'라는 내용으로 끝을 맺는다.

이처럼 호법신중은 부처님 법을 지키고 신행의 길을 걷는 우리를 보호해 주기에 찬탄의 게송을 올린다.

신중은 종류도 많고 모습도 각각

―

『석문의범』「신중작법」

品類無邊形色別   품류무변형색별
隨其願力現神通   수기원력현신통
奉行佛法常爲護   봉행불법상위호
利益衆生一切同   이익중생일체동

신중은 종류도 끝이 없고 모습도 각각인데,
원력에 따라 신통을 나타내신다.
불법을 봉행하고 늘 보호하며
중생을 이익되게 하는 것이 모두 똑같으시다.

◈ 하동 쌍계사 금강문 ◈

『화엄경약찬게』는 수많은 신중 중 39명의 화엄성중을 언급한다. 집금강신執金剛神, 신중신身衆神, 족행신足行神, 도량신道場神, 주성신主城神, 주지신主地神, 주산신主山神, 주림신主林神,

주약신主藥神, 주가신主稼神, 주하신主河神, 주해신主海神, 주수신主水神, 주화신主火神, 주풍신主風神, 주공신主空神, 주방신主方神, 주야신主夜神, 주주신主晝神, 아수라, 가루라, 긴나라, 마후라가, 야차, 용, 구반다, 건달바, 월천자, 일천자, 제석천, 야마천, 도솔천, 화락천, 타화자재천, 대범천왕, 무량광천, 변정천, 광과천, 대자재천 등이다.

또 104위 신중도 있다. 이는 앞 39명에 65명을 더한 숫자다. 법당의 104위 신중탱화는 상중하 삼단 구성이다. 상단에는 예적금강, 팔대금강, 사보살, 십대명왕 등 밀교密敎의 성중이 자리한다. 중단에는 대범천, 제석천, 사천왕, 일월천자, 금강밀적, 위태천 등의 천신과 사가라용왕, 염라대왕, 팔부신중 등이 자리하며 자미대제, 북두칠원성군 등 별자리와 관련된 중국 도교의 신이 함께한다. 하단에는 호계護戒대신, 복덕대신, 토지신, 도량신, 가람신, 조왕신, 산신, 수신, 화신, 금신, 목신, 토신 등 인도·중국·한국의 토속신이 자리한다. 104위 신중은 불교가 전해지면서 각 나라의 토착신이 함께한 결과다.

이처럼 종류도 다양하고 모습도 제각각인 신중은 불법을 수호하겠다는 원을 세웠다. 그 원력에 따라 신통을 보여 불법을 옹호하고 중생을 이익되게 하므로 '옹호성중'이라고 한다. 따라서 '봉행불법상위호奉行佛法常爲護'라는 구절은 '신중이 불법을 봉행하여 항상 옹호하신다.' 또는 '불법을 봉행하는 이를 신중이 항상 옹호하신다.'라는 해석이 모두 가능하다.

신중들이여, 불국토를 상서롭도록 도와주소서

『석문의법』「신중작법」

八部金剛護道場　팔부금강호도량
空神速赴報天王　공신속부보천왕
三界諸天咸來集　삼계제천함래집
如今佛刹補禎祥　여금불찰보정상

팔부신장과 금강역사는 이 도량을 수호하고
허공계의 신들은 천왕에게 속히 나아가 알리어
삼계의 모든 천신이 모두 와서 모여
지금과 같이 불국토를 상서롭게 하는 데 도와주소서.

◆ **구례 화엄사 천왕문天王門** ◆

「신중작법」맨 앞에 등장하는 옹호게擁護偈다. 신중작법은 불법 듣기를 원하고 불보살을 옹호하는 신중을 받들어 청하는 의식이다. 신중을 청하여 공양하고, 신중에게 도량 수호와 불보살님 옹호를 청하여 법회가 원만하게 끝날 수 있도록 발원한다.

'팔부신장八部神將'은 천룡팔부天龍八部로서 팔부중八部衆이라 한다. 하늘, 용, 야차, 건달바, 아수라, 가루라, 긴나라, 마후라가 등이 이에 속한다.

① 하늘은 사천왕천, 제석천, 범천 등 천신이다.
② 용은 구름과 비를 내리거나 복을 지닌 사람을 지켜 준다.
③ 야차는 사천왕이 다스리는 중생으로서, 동작이 매우 빠르다.
④ 건달바는 제석천 궁전 음악의 신이다.
⑤ 아수라는 제석천과 늘 싸우는 싸움꾼이다. 1천 개의 머리와 2천 개의 손, 또는 1만 개의 머리와 2만 개의 손, 또는 3개의 머리와 6개의 손이 있다.
⑥ 가루라는 날개 끝이 금빛이므로 금시조라 한다. 용을 잡아먹는 아주 무서운 능력을 지녔다.
⑦ 긴나라는 제석천 앞에서 악기를 다룬다. 작아서 건달바만 못하다. 사람과 비슷하나 머리에 뿔이 있다. 인비인人非人이라 한다.
⑧ 마후라가는 큰 뱀에 해당하는 뱀의 신이다. 몸은 사람과 같고 머리는 뱀이다.

이 팔부중은 신통한 능력이 있어 신이라 하며, 부처님 가르침에 감화되어 불법을 지키고자 발원하여 호법신장이 되었다.

'삼계三界'는 욕계, 색계, 무색계의 중생 세계다. 욕계에는 지옥·아귀·축생·아수라·인간·천(하늘)이 있고, 색계와 무색계는 하늘만 있다. 삼계의 천신을 포함하여 모든 옹호성중이 부처님 도량에 함께하여 이 도량을 복되고 길하도록 도움을 청한다.

천신이 신통과 묘용으로 부처님을 옹호하다

『석문의범』「신중작법」

梵王帝釋四天王　　범왕제석사천왕
佛法門中誓願堅　　불법문중서원견
列立招提•千萬歲　　열립초제천만세
自然神用護金仙••　자연신용호금선

범천왕, 제석천왕, 사천왕은
불법문중에서 서원을 굳게 세워
도량에 늘어서서 천만 년을 지내며
자연스러운 신통과 묘용으로 부처님을 옹호하신다.

• 招提(초제): 범어 Catur-deśa의 음역으로, 柘鬪提舍(자투제사)의 약어인 柘提(자제)를 招提(초제)라 오인하여 전해진 용어다. '사방'으로 번역하며 사방승방四方僧房이라고도 한다. 사방에서 온 스님들이 머무는 절, 도량을 뜻한다.

•• 金仙(금선): 부처님 별호. 금빛이 나는 신선이라는 뜻이다.

◆ 하동 쌍계사 천왕문 ◆

삼계에는 하늘이 여럿 있다. 욕계는 아래부터 사천왕천·도리천·야마천·도솔천·낙변화천·타화자재천이 있고, 색계는 초선천初禪天·제2선천·제3선천·제4선천이 있고, 무색계는 공무변처천·식무변처천·무소유처천·비상비비상처천이 있다. 그중 범천, 제석천, 사천왕천이 대표되는 호법신장이다.

'범천왕'은 색계 초선천의 주인으로 범왕, 대범천왕이라 한다. 원래 바라문교 최고신인 창조신이었는데, 불법에 들어온 뒤 부처님이 세상에 오면 먼저 설법을 청하고 부처님을 모신다.

'제석천'은 도리천의 주인으로, 여기서 도리는 '33'을 뜻하는 인도말이다. 도리천은 사방에 각각 여덟 하늘로 32천, 가운데 제석천을 합하여 총 33천이다. 제석천은 사천왕과 32천을 통솔하면서 불법을 보호한다.

'사천왕'은 사천왕천의 주인으로, 제석천의 명을 받아 세상을 돌아다니면서 중생을 살피고 보호하는 신이다.

천신들은 불법문중佛法門中에 들어와 불법승佛法僧 삼보三寶를 지키고자 굳게 서원을 세웠다. 그 원력으로 도량에 자리하여 천만 년이 지나도록 부처님[佛]을 옹호하고, 부처님 가르침[法]을 전하며, 대중[僧]을 보호한다.

사천왕, 세상을 돌며 벌과 재앙을 주다

『석문의범』「사천왕청」

四大天王威勢雄　사대천왕위세웅
護世巡遊處處通　호세순유처처통
從善有情貽福蔭　종선유정이복음
罰惡群品賜災隆　벌악군품사재륭

사대천왕은 위세가 웅장하니
세상을 지키고자 돌아다니며 모든 곳에 두루하시다.
착한 중생에게는 복덕을 주고
악한 무리에게는 벌을 주고 재앙을 주신다.

◈ **안성 칠장사 천왕문** ◈

천왕문에서 만나는 사천왕을 사대천왕, 사천신왕이라 하는데 이들은 수미산 중턱에 걸친 사천왕천에 산다. 각각 동남서북을 지키며 지국천왕持國天王·증장천왕增長天王·광목천왕

廣目天王·다문천왕多聞天王이라 하며, 하나의 세계를 맡아서 수호하므로 '호세천왕'이라고도 부른다. '호세순유처처통護世巡遊處處通'이라는 구절은 '호세천왕은 곳곳을 돌며 모든 곳에 두루하시다.'라는 해석도 가능하다.

『사천왕경』에 의하면 사천왕은 제석천을 호위하는 왕으로 각각 한 방위를 다스리며, 중생을 살펴 길흉의 과보를 시행한다. 매월 8일·23일에는 사자使者를 내려보내 온 천하를 두루 다니며 모든 중생이 짓는 업의 선악을 살피게 하고, 14일·29일에는 태자를 내려보낸다. 15일·30일에는 사천왕이 직접 내려가 모든 중생을 살피고 길흉을 시행한다. 사천왕이 직접 내려갈 때는 해와 달과 별(5성星 28수宿)과 더불어 제천諸天이 함께 내려간다. 그리고 중생의 선악 행위를 제석천에게 보고하여, 착한 중생에게는 복덕을 주고 악행을 일삼는 무리에게는 벌과 재앙을 내린다.

제석천, 중생을 가엾게 여기다

『석문의범』「신중작법」

帝釋天王慧鑑明　제석천왕혜감명
四洲人事一念知　사주인사일념지
哀愍衆生如赤子　애민중생여적자
是故我今恭敬禮　시고아금공경례

제석천왕은 지혜가 거울처럼 밝아서
온 세상 인간의 일을 한 생각에 알고
중생을 갓난아이처럼 가엾게 여기신다.
그러므로 저는 지금 공경하여 예배합니다.

◈ 부산 범어사 천왕문 ◈

'제석천帝釋天'은 수미산 정상에 있는 도리천(33천)의 주인이다. 제석천은 범어 Śakra-devānām indra로 석제환인다라, 석가제바인다라로 음역한다. 간단하게 인드라, 석제환인이라

한다.

제석천이 사는 선견성의 하늘은 그물이 감싸고 있다. 그물코마다 보배구슬이 있는데, 보배구슬은 서로를 비추며 헤아릴 수 없이 연결되어 있다. 이 그물을 인드라망(또는 인다라망)이라 한다. 참고로 예불문의 '제망찰해帝網刹海'에서 '제망'이 바로 제석천궁의 그물이다. 제망은 헤아릴 수 없이 많다는 뜻이다.

'사주四洲'는 중생이 사는 땅으로, 수미산을 둘러싼 먼바다의 동남서북에 각각 하나의 대륙이 있다. 동승신주, 남섬부주, 서우화주, 북구로주다. 그중 우리는 남섬부주에 산다. '잠부(Jambu)라는 나무가 자라는 남쪽 땅'을 뜻하는데, 잠부를 번역하고 읽는 과정에서 섬부 또는 염부가 되면서 염부제라고도 한다.

도리천의 왕인 제석천은 지혜가 밝아서 네 대륙[四州]의 중생, 즉 온 세상의 일을 한 생각에 알고 중생을 갓난아이[赤子]처럼, 자신의 백성[赤子]처럼 가엾게 여기고 보살핀다. 그리고 사천왕과 32천을 통솔하여 불법을 보호하고 불법을 지키는 자를 지켜 준다.

참고로 고조선 건국에는 환웅의 아버지이자 단군왕검의 할아버지인 환인桓因이 등장한다. 이 환인을 석제환인釋提桓因, 즉 제석천으로 보는 견해가 있다. 또는 순우리말 형태의 한님 혹은 하늘님이라는 신의 이름을 후대에 석제환인의 한자 표기에서 착안하여 '환인'으로 음차하였으며, 그와 동시에 제석천이라는 불교 용어의 뜻이 더해졌다고 추정하기도 한다. 우리 민족의 천신에 후대에 도입된 불교가 결합하였다는 견해이다.

보리도량에 나아가 금강보좌에 오르다

―

설호雪浩 스님 게송

毘盧遮那佛願力周法界	비로자나불원력주법계
以最後勝體詣菩提道場	이최후승체예보리도량
圓解脫深因登金剛寶座	원해탈심인등금강보좌
伽倻山中成就無上正覺	가야산중성취무상정각
海印三昧常說大華嚴經	해인삼매상설대화엄경
一百四十功德不共二乘	일백사십공덕불공이승
八萬四千法門高超十地	팔만사천법문고초십지

비로자나 부처님의 원력은 법계에 두루하다.
마지막에는 뛰어난 몸으로 보리도량에 나아가서
해탈에 이르는 깊은 수행을 원만히 하여 금강보좌에 오르고
가야산 가운데서 무상정각을 이루셨다.
해인삼매 속에서 대화엄경을 항상 설하시는데,
일백사십 공덕은 이승(성문승, 연각승)으로는 함께하지 못하고,
팔만사천법문은 보살의 십지를 높이 뛰어넘는다.

◈ 합천 해인사 해탈문解脫門 ◈

해탈문은 산사의 마지막 문으로, 불이문不二門이라고도 한다. '불이'는 모든 분별이 사라진 자리, 망상으로 인한 온갖 시시비비가 사라진 자리이자 깨달음의 경지다. 모든 번뇌 망상에서 벗어났기에 해탈이라 한다. 이 문을 들어서면 불이법문不二法門의 세계, 깨달음의 세계, 부처님 나라, 불국 정토이다.

위 게송은 1939년 설호 스님이 지었다. 부처님을 찬탄하는 게송이며, 힘든 여정을 이겨내고 마침내 부처님 나라에 들어서게 된 이들을 맞이하는 게송이다.

'비로자나 부처님'은 『화엄경』의 중심 부처님이다. 비로자나는 광명이라는 뜻으로 비로자나 부처님은 지혜 광명, 진리 그 자체로 '법신불法身佛'이다. 무수한 화신化身을 통해 모든 중생계를 두루 돌아다니며 중생을 교화하기 때문에 비로자나 부처님의 원력은 법계에 두루하다.

석가모니 부처님은 '화신불化身佛'이다. 석가모니 부처님은 수많은 생 동안 수행하고, 마지막에는 태자로 태어나 삼십이상三十二相 팔십종호八十種好라는 뛰어난 모습을 갖추었다. 그리고 보리도량인 보리수 아래에 자리하며 결심했다.

"이 자리에서 깨달음을 얻지 못하면 다시 일어나지 않으리라."

이 결심이 금강과 같아서 그 자리를 금강보좌金剛寶座라 부르며, 깨달음의 자리를 상징한다. 이후 석가모니 부처님은 마침내 무상정각無上正覺(아뇩다라삼먁삼보리, 위없는 바른 깨달음)을 얻었다.

부처님은 깨달음을 얻은 직후 21일간 해인삼매에서 『화엄경』을 설하고, 일백사십 공덕 등 뛰어난 공덕으로 중생의 근기에 맞게 다양한 가르침을 주었다. 부처님 가르침인 팔만사천법문은 보살의 최고 단계인 십지十地를 뛰어넘어 성불成佛로 가는 가르침이었다.

부처님의 일백사십 공덕은 삼십이상, 팔십종호, 사정四淨, 십력十力, 사무외四無畏, 삼념주三念住, 삼불호三不護, 대비大悲, 무망실법無忘失法, 단번뇌습斷煩惱習, 일체종지一切種智 등이다. 이 공덕은 부처님에게만 있고 성문聲聞이나 연각緣覺 등의 성자에게는 없다. 그러므로 불공不共이라 한다. 팔만사천법문에서 '팔만사천'은 딱 떨어지는 숫자가 아니라 수없이 많음을 상징하는 숫자다.

해인사는 의상 스님과 제자들이 세운 화엄십찰 가운데 하나이다. 위의 게송에서 '가야산伽倻山'과 '해인삼매海印三昧'는 가야산 해인사와 관련된 용어로, 부처님이 깨달은 지역인 가야(부다가야)를 가야산으로 언급한다. 이는 자연스럽게 가야산 해인사도 무상정각을 이루는 도량임을 나타낸다.

해인삼매는 화엄종의 근본 경전인 『화엄경』에 나온다. 마치 바람이 그치고 파도가 잔잔해져 바다가 고요해지면 거기에 만 가지 모습이 그대로 드러나듯, 어리석음의 바람이 그치고 번뇌의 파도가 잔잔해지면 마음의 바다[海]에는 도장을 찍듯이[印] 모든 참모습이 그대로 드러난다. 이것이 바로 해인삼매이자 깨달음의 세계다.

과거, 현재, 미래의 잘못을 참회하다

―

『육조단경六祖壇經』

擬將修福欲滅罪 의장수복욕멸죄
後世得福罪還在 후세득복죄환재
但向心中除罪緣 단향심중제죄연
各自性中眞懺悔 각자성중진참회

복을 닦아서 죄를 없애려 한다 해도
후세에 복은 받게 되지만 죄는 도로 남는다.
다만 마음속 죄의 인연을 없애려면
각자의 성품에서 참된 참회를 해야 한다.

◈ **해남 미황사 만세루萬歲樓** ◈

혜능慧能 스님(638~713)이 참회법을 설한 뒤 읊은 게송의 일부다. 어리석은 중생은 복만 닦고 도를 닦지 않는데, 복만 닦으면서 이를 도道라고 여긴다. 보시와 공양은 복이 많다고 하지만, 마음속 삼악三惡(탐욕, 성냄, 어리석음)을 여전히 짓고 있다. 복을 닦아서 죄를 없애려 해도 나중에 복은 받겠지만 죄는 그대로 남는다. 참된 참회가 필요하다.

과거·현재·미래 생각마다 어리석음과 거짓과 질투에 물들지 않고, 지난날의 나쁜 행동을 일시에 영원히 끊어서 자기의 성품에서 없애 버리면 이것이 곧 참회다. 참회는 지난 잘못을 뉘우칠 뿐만 아니라 앞으로 잘못을 짓지 않는 것이다. 이러한 참회를 통하여 본성을 깨닫는 것이 '진참회眞懺悔'다.

罪無自性從心起　죄무자성종심기
心若滅時罪亦亡　심약멸시죄역망
罪亡心滅兩俱空　죄망심멸양구공
是則名爲眞懺悔　시즉명위진참회

죄는 본래 자성 없어 마음 따라 일어나니
만약 마음 없어지면 죄도 또한 사라지네.
죄와 마음 사라져서 두 가지가 공적하면
이것을 참다운 참회라고 이름하리.

_『천수경千手經』

천왕문을 지나 만나는 법당 앞 누각은 해탈문의 의미를 지닌다. 이 누각을 지나면 부처님 세계다. 세상사에서도 반성 없이 용서를 바란다면 도둑놈 심보인데, 부처님 세계에 들어감이랴. 참회 없이 불보살님에게 다가감이란 토끼뿔을 원하는 것과 같다.

경전은 마음으로부터 나온 법사리

—

『석문의범』「불사리이운」| 『청허당집淸虛堂集』「원교송」

鶴樹*潛輝示寂滅　학수잠휘시적멸
金剛舍利放光明　금강사리방광명
八千經卷胸中出　팔천경권흉중출
百億乾坤足下藏　백억건곤족하장

부처님이 학수에서 빛을 감추고 적멸(열반)을 보이시니
금강과 같은 사리가 광명을 발하였다.
팔만사천 경전은 마음으로부터 나왔으며
온 세상은 발아래에 품고 있다.

● 鶴樹(학수): 부처님이 두 그루 사라나무 아래에서 열반에 들자 주변 나무는 모두 하얗게 변했다. 이를 학鶴이 모여 있는 것에 비유하여 '학수', '학림鶴林'이라 한다.

◆ 익산 숭림사 우화루雨花樓 ◆

앞 2구는 『석문의범』 「불사리이운」 사리게舍利偈 가운데 일부이다. 뒤 2구는 청허휴정淸虛休靜 서산 대사(1520~1604)의 문집인 『청허당집』에 실린 「원교송」의 일부인데, 원래 순서는 '백억건곤족하장百億乾坤足下藏 팔천경권흉중출八千經卷胸中出'이다.

공주 갑사 진해당의 주련도 원교송 게송이 바뀐 순서로 걸려 있다. 주련 게송이 원문과 순서가 바뀐 경우가 간혹 있는데, 실수인지 아니면 다른 가르침을 주고자 일부러 그런 건지 섣불리 판단하지 않는다. 세상사도 그렇다. 교과서와 다른 일이 많다.

삼보가 있다. 세상에서 귀중한 것을 보배라고 하듯이, 불교에서도 귀중한 세 가지를 보배로 비유한다. 불보佛寶(부처님), 법보法寶(부처님 가르침), 승보僧寶(승가)이다.

'팔만사천 경전'은 부처님 가르침인 법보에 해당한다. 경전은 부처님 마음으로부터 나온 '법사리'로, 석가탑 안에 『무구정광대다라니경』이 있는 이유다. 경전은 여래의 전신全身이다.

"어디서든지 이 경을 설하거나 읽거나 외우거나 쓰거나 이 경전이 있는 곳에는 마땅히 칠보로써 탑을 쌓되 지극히 높고 넓고 장엄하게 꾸밀 것이요, 또다시 사리를 봉안하지 말라. 이 가운데는 이미 여래의 전신全身이 있기 때문이다."

_ 『법화경法華經』「법사품」

모든 것은 오직 마음이 지었다

—

『화엄경華嚴經』「야마천궁게찬품」

若人欲了知　약인욕료지
三世一切佛　삼세일체불
應觀法界性　응관법계성
一切唯心造　일체유심조

삼세의 모든 부처님을
사람들이 알고자 하면
마땅히 법계 성품을 관하라.
모든 것은 오직 마음이 지었다.

◆ **김천 직지사 황악루**黃嶽樓 ◆

'일체유심조一切唯心造'. 대부분이 들어 봤던 말이다. 흔히 '마음먹기 나름'이라고 풀이한다. 이때 '마음'은 의지, 생각 등의 의미다. 그런데 모든 것이 의지나 생각대로 되는가? 난 마음대로 되지 않는데. 혹 다른 가르침이 있는 것은 아닐까?

　믿음이 중요하기는 하지만, 무조건 믿고서 그렇다고 단정해 버리면 문제다. 맹목적인 믿음은 어리석음을 키우기 때문이다. 옛 스승은 큰 믿음과 함께 큰 의심을 강조한다.

"참선할 때 반드시 세 가지 요긴함을 갖춰야 한다. 첫째는 큰 신심, 둘째는 큰 분심, 셋째는 큰 의심이다. 그중에서 하나라도 빠지면 다리 부러진 솥과 같아서 결국 깨진 그릇이 된다."
_ 서산 대사, 『선가귀감』

　큰 신심, 큰 분심, 큰 의심은 참선뿐만 아니라 모든 가르침을 대할 때 필요하다. 부처님 가르침을 접할 때도 그렇다. 부처님 가르침이라고 여겼는데 공부하다 보면 부처님 가르침이 아닐 수 있다. 믿음을 전제로 '왜', '과연'이라는 의심이 필요한 이유다. 그리고 '옛 스승도 깨쳤는데, 내가 못 할 것이 있겠는가.' 하는 대분심大憤心도 필요하다.

　황악루, 만세루 등 누각 밑을 지날 때 심리상 천장에 닿을까 머리를 숙인다. 이는 '하심'을 상징한다. 누각을 지나면 부처님이 있는 법당, 부처님 세상이다. 불교 공부는 하심의 과정이다. 내가 아는 것을 내려놓을 때, 다양한 길로 부처님 가르침에 다가갈 수 있다.
    내가 아는 게 정답이 아닐 수 있다. '일체유심조'는 무슨 뜻일까?

종소리가 온 세상에 두루 퍼져

―

『석문의범』「조례종송」

願此鐘聲遍法界　원차종성변법계
鐵圍幽暗悉皆明　철위유암실개명
三途離苦破刀山　삼도이고파도산
一切衆生成正覺　일체중생성정각

이 종소리가 세상에 두루 퍼져
철위산●의 어두움에서 모두 다 밝아지고
삼악도는 고통에서 벗어나서 도산지옥은 부서지고
모든 중생이 바른 깨달음을 이루기를 원합니다.

● 철위산: 이 세상은 수미산을 중심으로 여덟 개의 바다와 여덟 개의 산이 교대로 나이테처럼 둘러싼 모습이다. 이를 구산팔해九山八海라고 한다. 마지막 바다에 우리가 사는 남섬부주 등 사주四洲가 있으며, 가장 바깥쪽이 철위산이다.

◆ 의성 고운사 종각鐘閣 ◆

땡ㅡ. 이 주련은 새벽 예불 때 법당 안에 있는 종을 치면서 읊는 게송이다. 법당 종송이 끝나면 범종각 사물四物로 이어진다. 사찰 대중은 염불 소리, 사물 소리로 인해 깊은 밤 어둠으로부터 밝은 새벽을 맞아 법당에서 예불을 올린다.

범종각은 일주문, 천왕문, 해탈문을 지나면 나타나는데 간혹 해탈문 전에 만나기도 한다. 범종각에는 범종뿐만 아니라 법고(북), 목어, 운판 등 사물이 있다.

사물은 크게 두 가지 역할을 한다. 하나는 긴 여정을 거쳐 부처님 곁으로 온 이들에게 격려와 축하를 보내는 역할이고, 또 하나는 부처님 가르침을 중생에게 전하는 역할이다.

사물 하나하나가 모든 중생을 제도하기 위한 법구法具이지만, 각각의 역할을 구분하기도 한다. 범종은 지옥 중생부터 하늘 중생까지, 법고는 축생, 목어는 수중 중생, 운판은 하늘을 나는 중생을 제도하기 위한 법구다. 보통 아침저녁으로 사물을 치지만, 정오 때 범종을 치는 사찰도 있으며 사물을 치는 순서도 사찰마다 차이가 있다.

종소리를 듣고 모든 번뇌가 사라지다

『석문의범』「석례종송」

聞鐘聲煩惱斷 문종성번뇌단
智慧長菩提生 지혜장보리생
離地獄出三界 이지옥출삼계
願成佛度衆生 원성불도중생
옴 가라지야 사바하

종소리를 듣고서 번뇌가 끊어지며,
지혜가 자라고 깨달음이 일어나며,
지옥을 벗어나고 삼계를 뛰어넘어,
성불하여 중생을 제도하기를 원합니다.
옴 가라지야 사바하.

◈ 수원 봉녕사 범종각 ◈

저녁 예불 때 법당 종을 치면서 읊는 게송이다. '옴 가라지야 사바하'는 지옥을 깨뜨리는 진언(파지옥진언)이다. 새벽 예불 때는 장엄염불 등 여러 게송과 함께 여러 차례 법당 종을 치지만, 저녁 예불 때는 위 게송과 파지옥진언으로 끝난다. 그리고 범종각 사물로 이어진다.

범종을 보통 아침에 스물여덟 번, 저녁에 서른세 번 혹은 서른여섯 번 친다. 어떤 절은 정오에도 열두 번을 친다. 『석문의범』에 의하면 아침에는 스물여덟 번, 저녁에는 서른여섯 번이다. 이는 28별자리(28수宿)와 28대인상大人相을 갖춘 화신을 나타내며, 36부류의 모든 중생이 수행 공덕으로 정토에 함께 태어나기를 발원한다는 의미이다.

타종 횟수에는 다른 여러 이야기가 있다.

○ 28번:
① 중생이 사는 세상을 계산하여 도합 28세계가 된다.
② 선종禪宗에서 천축(인도)의 훌륭한 스승(마하가섭 존자에서 초조달마 스님까지 28대 조사)의 가르침을 이어받는다.
○ 33번: 도리천의 33. 도리는 인도말로 33이다.
○ 12번: 12간지(자축인묘진사오미신유술해)의 12이다.

지금은 절에서만 범종을 치지만, 조선 시대에는 성문을 여닫는 시간을 알리기 위해 치기도 했다. 새벽 4시에는 서른세 번, 저녁 10시에는 스물여덟 번 쳤다. 서른세 번은 도리천, 스물여덟 번은 28수를 나타낸다.

그런데 궁금하다. 종을 치면서 정확하게 횟수를 어떻게 알까? 치다 보면 헷갈릴 수 있는데 말이다.

나의 마음은 이미 서방 정토에

—

『석문의범』「오경송」

願此鐘聲遍法界　원차종성변법계
合掌歸依入道場　합장귀의입도량
顧我一念何處在　고아일념하처재
端坐默言良久處　단좌묵언양구처

이 종소리가 세상에 두루 퍼지기를
합장하고 귀의하며 도량에 들어섰다.
나의 한 생각 어느 곳에 있는가 살펴보니
곧게 앉아 말없이 한참 동안 있다.

◆ **전주 정혜사 범종각** ◆

제1구는 새벽 종송, 제2구와 제3구는 「오경송」사경四更, 제4구는 「오경송」이경二更의 게송 일부다.

전에는 오후 7시에서 아침 5시까지 오경으로 나누고 경마다 종을 울려 밤공부하는 대중에게 시간을 알렸다. 초경(7~9시), 이경(9~11시), 삼경(11~1시), 사경(1~3시), 오경(3~5시)마다 송을 읊으며 각각 두 번, 세 번, 백팔 번, 다섯 번, 스물여덟 번 종을 쳤다.

이경二更

鍾沈皷寂二更中　종침고적이경중
百匝從容性自空　백잡종용성자공
端坐默言良久處　단좌묵언양구처
湛然前路主人公　담연전로주인공

종소리도 잠기고 북소리도 고요한 이경 중에
모습을 따라 백 번을 돌아도 성품은 스스로 공하다.
곧게 앉아 말없이 한참 동안 있으니
고요히 앞에 드러난 주인공이여!

사경四更

四更將進起焚香　사경장진기분향
合掌歸依入道場　합장귀의입도량
顧我一念何處在　고아일념하처재
已隨明月到西方　이수명월도서방

사경이라 향을 피우고자 마땅히 일어나
합장하고 귀의하며 도량에 들어섰다.
나의 한 생각 어느 곳에 있는가 살펴보니
밝은 달을 따라서 서방 정토에 이미 이르렀구나.

범종 소리는 몸과 마음을 맑게 한다

『목은시고牧隱詩藁』외

禪窓夜夜梵鐘鳴　선창야야범종명
喚得心身十分淸　환득심신십분청
檜樹蒼蒼石勢頑　회수창창석세완
葉間風雨半天寒　엽간풍우반천한

선방의 창문 넘어 밤마다 범종 소리가 울려
몸과 마음을 불러일으켜 더욱 맑게 한다.
회나무 숲은 울창하고 바위는 험준하며
잎 사이로 부는 비바람에 하늘은 차다.

◈ **강진 무위사 범종각** ◈

위 게송의 앞 두 줄은 출처를 찾지 못했으나, 뒤 두 줄은 목은 이색牧隱李穡(1328~1396)의 문집『목은시고』「회암檜巖」이라는 시제에서 나온다. 회암은 원래 '회암사의 숲'을 말하지만,

이 게송이 양산 통도사 범종각 등 여러 절의 주련으로 걸려 있으므로 '회나무 숲'으로 번역하였다. 시 「회암」에서 이어지는 시문은 다음과 같다.

    老僧出定忘聲色　노승출정망성색
    頭上光陰似轉丸　두상광음사전환

    선정에서 깨어난 노승은 말없이 무표정이지만
    머리 위로 세월은 쇠구슬처럼 굴러간다.

산사에서 듣는 범종 소리는 참으로 좋다. 범종 소리에 마음이 맑아져서 지옥, 아귀, 축생 같은 마음속 번뇌는 사라진다. 그리고 범종 소리에 어느덧 부처님 세상에서 노닌다.

    "그의 마음이 맑음에 따라서 불국토도 곧 맑아진다."
    _『유마경維摩經』「불국품」

너와 나를 위한 신행으로 변화하다

—

『화엄경』「정행품」

上昇樓閣　상승누각
當願衆生　당원중생
昇正法樓　승정법루
徹見一切　철견일체

(재가자가) 누각에 오를 때에는 / 마땅히 원한다, 모든 중생이
바른 법의 누각에 올라 / 모든 것을 꿰뚫어 보기를.

入僧伽藍　입승가람
當願衆生　당원중생
演說種種　연설종종
無乖諍法　무괴쟁법

(출가자가) 절에 들어갈 때는 / 마땅히 원한다, 모든 중생이
어기거나 다툼이 없는 / 여러 가지 법을 연설하기를.

◆ **강화 백련사 범종각** ◆

앞 게송은 재가在家 11원願 가운데 하나고, 뒤 게송은 출가出家 15원 가운데 하나다. 지수보살은 중생을 위해 지혜 얻는 방법을 문수보살에게 묻는다. 문수보살은 행동 하나하나에 중생을 위한 발원을 강조하며 재가자 11원, 출가자 15원을 언급한다.

우리가 걷는 불교 신행의 길은 처음에는 나를 위한 신행이지만 자연스럽게 너와 나를 위한 신행으로 변화한다. 바로 보살의 길을 걷는 신행이다.

보살은 보리살타菩提薩埵(Bodhisattva)의 준말이다. 보리는 '깨달음'이고, 살타는 '유정有情', '중생'이다. 따라서 보살은 '깨달음을 가진 유정', '깨달음을 구하는 중생'이면서 '깨달음을 구하고[自利] 중생을 구제하고자[利他] 노력하는 자'다. 상구보리上求菩提 하화중생下化衆生의 삶을 사는 자다.

보살은 남녀구분이 없다. 관세음보살이나 문수보살 등 신앙의 대상으로서 보살도 있지만, 지금 부처님 가르침을 실천하는 우리가 바로 보살이다.

제2장.

부처님이 중심인 법당

진신사리를 지금 그대로 모셨으니

『석문의범』「대예참례」

萬代輪王◦三界主　만대윤왕삼계주
雙林示滅幾千秋　쌍림시멸기천추
眞身舍利今猶在　진신사리금유재
普使群生禮不休　보사군생예불휴

만대의 윤왕이요, 삼계의 주인이신 부처님께서
쌍림에서 열반을 보이신 지 얼마나 오래되었는가.
진신사리는 지금까지 남아 있어
수많은 중생에게 예배를 쉬지 않게 한다.

◆ **영월 법흥사 적멸보궁**寂滅寶宮 ◆

적멸보궁은 부처님 사리를 모신 법당이다. 부처님 진신사리

◦　輪王(윤왕): 윤보輪寶를 굴리면서 세계를 통치하는 전륜성왕의 약칭. 부처님의 설법을 윤보를 굴리는 것에 비유하여 '전법륜轉法輪'이라 한다. 게송에서 윤왕은 부처님을 말한다.

를 모셨으므로 '전殿'보다는 격을 높여 '보궁寶宮'이라 한다.

적멸은 번뇌가 사라져 고요한 상태로, 열반을 말한다. 보통 열반을 죽음으로 이해하는데 죽음 자체는 아니다. 인도말 Nirvana의 음역으로 '불어서 끄다.'라는 뜻이다. 불을 후, 불어서 끄듯 모든 번뇌를 끊어 마음이 고요한 상태다.

부처님은 고요한 자리(열반)에 항상 있으면서 마음을 일으켜 45년간 가르침을 베풀었다. 그리고 두 그루 사라나무가 있는 숲[雙林]에서 모든 마음을 쉬고 고요한 상태로 들어갔다. 이를 '열반에 들다.', '입적入寂하다.'라고 한다.

입적 후 부처님의 공덕이 수많은 사리로 나타났다. 사리는 인도말 Sárīra로, 신체 또는 유골을 말한다. 불교에서 부처님 사리는 번뇌 없는 마음의 근본 자리, 부처님 가르침을 뜻하며 이를 부처님의 '진실한 몸'으로 여겨 '진신사리'라 한다.

적멸보궁에는 불상을 모시지 않는다. 진신사리가 바로 부처님이고, 진리의 세계(적멸)에 든 부처님을 형태로 나타낼 수 없기 때문이다. 대신 법당 뒤에 사리탑을 세우거나, 아무도 모르는 곳에 사리를 모신 뒤 상징적인 탑을 세운다.

설악산 봉정암, 오대산 중대, 태백산 정암사, 사자산 법흥사, 영축산 통도사 등 5대 적멸보궁과 고성 건봉사, 서울 조계사를 비롯한 여러 사찰에서 진신사리를 모시고 있다.

진신사리의 공덕이 전해지다

자장 율사慈藏律師 불탑게佛塔偈

示寂雙林問幾秋　시적쌍림문기추
文殊留寶待時求　문수유보대시구
全身舍利今猶在　전신사리금유재
普使群生禮不休　보사군생예불휴

쌍림에서 열반을 보이신 지 몇 해인가.
문수보살은 보배를 모시고 때를 기다렸다.
전신사리는 지금까지 남아 있어
수많은 중생에게 예배를 쉬지 않게 한다.

◆ **양산 통도사 적멸보궁** ◆

자장 율사 불탑게라고 한다. 그런데 제2구를 제외하고는 바로 앞쪽의 「대예참례」 게송과 거의 흡사하다.

통도사는 『화엄경』과 인연이 깊은 도량이다. 통도사를

창건한 자장 스님(590?~658?)은 계율에 철저한 율사였을 뿐 아니라 『화엄경』을 강설한 화엄 대가였다. 자장 스님은 643년에 당나라 오대산 태화지에서 문수보살을 친견하고 사리와 가사를 전해 받았다. 그리고 신라로 돌아와서 양산 통도사 등에 사리를 봉안하였는데, 그중 유명한 5대 적멸보궁이 있다. 이에 게송 제2구는 문수보살이 우리나라에 사리를 봉안하고자 시절 인연을 기다렸다는 표현이다.

통도사 적멸보궁은 법당 사면에 편액과 주련이 각각 걸려 있다. 동남서북으로 대웅전, 금강계단, 대방광전, 적멸보궁의 편액이다. 대웅전 쪽 출입문을 통해 법당으로 들어가면 불단에는 부처님상이 없고, 불단 뒤 넓은 유리창 너머로 사리탑이 보인다. 사리탑을 향해 합장하며 예배를 드리고 잠시 자리에 앉는다.

그 공간을 통해 긴 세월 동안 부처님 가피를 기원하고, 부처님 가르침을 실천하고자 발원하였던 사람들의 신심과 간절함이 그대로 전해진다. 이 또한 부처님 진신사리의 공덕이리라.

방편으로 열반을 보이다

—

『법화경』「여래수량품」

爲度衆生故 위도중생고
方便現涅槃 방편현열반
而實不滅度 이실불멸도
常住此說法 상주차설법
我常住於此 아상주어차
以諸神通力 이제신통력
令顚倒衆生 영전도중생
雖近而不見 수근이불견
衆見我滅度 중견아멸도
廣供養舍利 광공양사리
咸皆懷戀慕 함개회연모
而生渴仰心 이생갈앙심

중생을 제도하기 위해 / 방편으로 열반을 나타내지만
사실은 멸도하지 않고 / 항상 여기 머물러 법을 설한다.
내가 항상 여기 머물러 / 여러 신통력으로

전도된 중생에게는 / 비록 가까우나 보이지 않게 한다.
중생이 나의 멸도를 보고 / 사리에 널리 공양하면서
모두 다 연모를 품고 / 목마른 듯 그리운 마음을 낸다.

◆ 정선 정암사 적멸보궁 ◆

부처님은 실은 오래전에 성불하였다. 방편으로 이 땅에 와서 성불하고 열반하였다. 다음은 『법화경』의 비유다.

의사인 아버지는 독을 먹고서 제정신이 아닌 아이들을 보고 해독제를 만들었다. 그런데 머리가 이상해진 아이들은 해독제를 먹지 않았다. 그러자 의사는 외국으로 나간 뒤 아이들에게 '아버지가 돌아가셨다.'라는 소식을 전하였다. 아이들은 이제 의지할 아버지가 없는 것을 알고 무척 슬퍼하였다. 그리고 제정신을 찾아 해독제를 먹고 독의 고통에서 벗어났다. 이 소식을 듣고 의사가 돌아와서 아이들에게 모습을 보였다.

전도된 중생은 부처님을 항상 봄으로써 교만한 마음을 내어 방일하고 오욕에 집착한다. 그리하여 마침내 악도 가운데 떨어지게 된다. 이러한 중생을 위해 부처님은 방편으로 열반하였다고 하지만 사실은 멸도(열반)하지 않았다.

늘 있는 공기의 소중함을 모르는 것과 같다고나 할까.

손가락을 보지 말고 달을 보자

—

『십현담十玄談』

初說有空人盡執   초설유공인진집
後非空有衆皆捐   후비공유중개연
龍宮滿藏•醫方義   용궁만장의방의
鶴樹終談理未玄   학수종담이미현

처음에는 유와 공을 설하니 모두 집착하더니
나중에는 공도 유도 아니라 하니 모두 버린다.
용궁의 가득한 경전은 의사의 처방문과 같고
학수의 마지막 설법은 현묘한 이치는 아니다.

• 龍宮滿藏(용궁만장): 『용수보살전』에 의하면, 인도의 용수龍樹 보살(2~3세기)은 용궁에서 수많은 경전을 보았다고 한다.

◆ 양산 통도사 금강계단金剛戒壇 ◆

경전은 궁극의 경지가 아니라 궁극의 경지로 가도록 하는 안내서다. 중생의 근기에 따라 그 상황에서 설명한 방편 교설이다.

유에 집착하는 이에게는 공을 설하고, 공에 집착한 이에게는 유를 설한다. 그것이 근기에 따른 설법인 줄 모르고 모든 것에 유니 공이니, 하며 집착한다. 나중에는 공도 아니고 유도 아니라고 하면 그 말씀에 또한 집착한다.

중생의 이해와 요구가 다양하기에 팔만사천법문이 있다. 의사의 처방전이 모든 병에 적용되는 것은 아니므로 그 병에 맞는 처방전이 필요하다. 부처님은 중생의 근기에 따라 가르침을 주었는데, 우리는 그 말씀에 집착한다. 마치 한 장의 처방전으로 모든 병을 고치고자 하는 것과 같다.

사라쌍수[鶴樹]에서 열반에 들기 전 부처님의 마지막 설법도 궁극을 드러내지 않는다. 마지막 설법은 '방일하지 마라. (…) 일체 만물은 무상하다.'라는 여래 최후의 말씀, 또는 열반

● 금강계단金剛戒壇: 진신사리를 모신 곳으로 예배의 장소이자 수계受戒 의식을 진행하는 곳이다. 금강보계에서 유래하였으며, 진신사리를 부처님의 현신現身으로 보기 때문에 진신사리를 모신 곳을 계단으로 삼는다. 금강은 가장 단단한 물질로, 금강계단은 금강처럼 무엇으로도 깨뜨릴 수 없는 계법을 전수하는 법다운 장소다.

을 보이고 사리를 나타내며 보여 준 가르침이다.

    손가락으로 달을 가리키면, 손가락을 보지 말고 달을 보자.

금강계단을 돌면서 금강계단을 찾다

―

『금강경오가해金剛經五家解』

身在海中休覓水　신재해중휴멱수
日行嶺上莫尋山　일행영상막심산
鶯吟燕語皆相似　앵음연어개상사
莫問前三與後三　막문전삼여후삼

몸이 바다 가운데 있으면서 물을 찾지 말고
날마다 산 위를 다니면서 산을 찾지 말라.
꾀꼬리 울음소리와 제비의 지저귐이 모두 비슷하니
전삼삼과 후삼삼을 묻지 말라.

◈ 하동 쌍계사 금강계단 ◈

송나라 야보도천冶父道川 스님(1127~1130)이 『금강경』「여리실견분」에 대해 쓴 게송이다. 소중한 것은 우리 곁에, 우리 안에 있다. 내 마음이 부처님 마음이며, 지금 이 자리가 불국 정토이다. 그런데 아둔한 중생은 밖으로만 찾아다니고 있다. 마치 바다 가운데서 물을 찾고, 산에 있으면서 산을 찾는 것과 같다.

사라져 가는 선풍을 다시 일으켰던 구한말의 경허鏡虛 선사(1846~1912)는 다음과 같이 노래하였다.

世與靑山何者是　세여청산하자시
春城無處不開花　춘성무처불개화

세속과 청산 어느 것이 옳은가.
봄이 오니 성마다 꽃 피지 않은 곳이 없다네.

삼라만상森羅萬象, 행주좌와行住坐臥 어느 것 하나 부처님 도량 아님이 없다. 그런데 세속을 떠나 청산을 동경하고 안으로 찾기보다는 밖으로 구하니, 어리석음에 눈먼 중생의 모습이라.

말을 하면 말에 빠지고, 행동을 보이면 행동에 빠진다. 자비심으로 '전삼삼 후삼삼' 등 격외구格外句인 선문답을 던진다. 이 또한 밖에서 찾을까 염려하여 묻지 말라고 한다.

○ 에피소드 하나:

어느 날 통도사 금강계단을 돌며 참배할 때였다. 금강계단을 돌던 어느 분들이 물었다.

"금강계단이 어디에 있어요?"

"…."

그분들은 금강계단을 금金으로 된 계단階段, 층계로 알고 있었다.

하늘 위 하늘 아래 부처님 같은 분은 없으니

『불본행집경佛本行集經』

天上天下無如佛　천상천하무여불
十方•世界亦無比　시방세계역무비
世間所有我盡見　세간소유아진견
一切無有如佛者　일체무유여불자

하늘 위 하늘 아래 부처님 같은 분은 없으니
시방세계에도 역시 견줄 자가 없다.
세상에 있는 것을 내가 다 보았지만
통틀어서 부처님과 같은 분은 없다.

◈ **대구 동화사 대웅전大雄殿** ◈

석가모니 부처님이 전생에 보살로서 수행할 때, 잡보굴 안에

● 　十方(시방): 공간적인 개념. 동·서·남·북 사방四方, 서북·서남·동북·동남 사유四維, 상上·하下

서 불사佛沙 부처님을 보고 7일 밤낮을 지내면서 부처님을 찬탄한 게송이다. 이후 석가모니 부처님이 이 땅에 태어날 때, 색계의 대범천왕은 지난 옛적부터 전하는 위 게송을 읊어 아기 부처님을 찬탄하였다. 『대지도론』에는 이 게송에 대한 문답이 있다.

[문] 석가모니 보살은 총명하고 아는 것이 많아서 여러 게송을 지을 수 있는데, 어찌하여 7일 밤낮 동안 한 게송으로 부처님을 찬탄하였는가?

[답] 석가모니 보살은 그 마음을 귀중하게 여겼고 많은 말을 귀중하게 여기지 않았다. 만일 더 많은 게송으로 부처님을 찬탄하였더라면 마음이 산란하였을 것이다. 그러므로 7일 밤낮 동안에 오직 한 게송으로 부처님을 찬탄하였다.

순간 '본래 명작에는 해설이 필요 없다.' 하면서 경주 감은사탑을 답사한 감동을 '아! 감은사, 감은사탑이여. 아! 감은사, 감은사탑이여.……'라고 전한 유홍준 선생의 글이 떠오른다. 세상 어디에도 부처님 같은 분 없으니, 어떤 말로 찬탄해도 다 할 수 없다. 다만 부처님을 향해 부처님을 부르고 합장하며 예를 올릴 뿐이다.

"오! 부처님, 오! 부처님이시여, 오! 부처님, 오!……"

모든 부처님은 대웅 大雄이다

—

『석문의범』「소심경」

清淨法身 毘盧遮那佛　　청정법신 비로자나불
圓滿報身 盧舍那佛　　　원만보신 노사나불
千百億化身 釋迦牟尼佛　천백억화신 석가모니불
九品導師 阿彌陀佛　　　구품도사 아미타불
當來下生 彌勒尊佛　　　당래하생 미륵존불
十方三世 一切諸佛　　　시방삼세 일체제불

청정한 법신이신 비로자나 부처님
원만한 보신이신 노사나 부처님
천백억 화신이신 석가모니 부처님
구품의 중생을 인도하시는 아미타 부처님
미래세에 내려오시는 미륵 부처님
시방 삼세에 계신 모든 부처님

◆ 서울 봉은사 대웅전 ◆

다음 나머지 뒷부분과 합쳐 '십념+念'이라는 글이다.

十方三世 一切尊法	시방삼세 일체존법
大智 文殊師利菩薩	대지 문수사리보살
大行 普賢菩薩	대행 보현보살
大悲 觀世音菩薩	대비 관세음보살
諸尊菩薩摩訶薩	제존보살마하살
摩訶般若波羅密	마하반야바라밀

십념은 다른 생각이 들어가지 않고 한 치의 틈도 없이 부처님의 명호 또는 부처님의 상호를 생각한다[念]는 의미다. 이로 인해 수억 겁 생사의 죄가 제거되고, 극락에 왕생한다.

'대웅大雄'은 『법화경』에서 석가모니 부처님을 찬탄하는 말인 '대웅세존大雄世尊'을 가리킨다. 부처님은 해야 할 일을 다 마쳐 모든 이들의 자애로운 아버지[四生慈父]이자 스승[三界導師]이다. 그러므로 위대한 영웅[大雄]이다.

따라서 대웅전은 대웅세존인 석가모니 부처님을 본존으로 모신 법당이다. 그런데 석가모니 부처님뿐만 아니라 모든 부처님이 대웅이기 때문에 대웅전에는 비로자나 부처님, 아미타 부처님 등 다른 부처님을 본존으로 모시기도 한다. 또한 대웅전은 사찰의 중심 법당이라는 의미도 있다.

천 개의 강에는 천 개의 달이 뜨고

『금강경오가해』

報化非眞了妄緣　보화비진요망연
法身淸淨廣無邊　법신청정광무변
千江有水千江月　천강유수천강월
萬里無雲萬里天　만리무운만리천

보신과 화신은 참이 아니고 허망한 인연이며,
법신은 청정하여 넓고도 끝이 없다.
천 개의 강에는 천 개의 달이 뜨고
만 리에 구름이 없으면 만 리가 하늘이다.

◈ 화성 용주사 대웅보전 ◈

『금강경』「여리실견분」에 대한 송나라 종경宗鏡 스님의 게송이다. 법신, 보신, 화신은 삼신불三身佛이다. '청정법신 비로자나불, 원만보신 노사나불, 천백억 화신 석가모니불'로 염불한다.

'법신法身'은 진리 그 자체[法]를 부처님이라 하므로 진리 그 자체의 부처님이다. 부처님이 되었을 때 수행자의 입장에서 그 부처님을 '보신報身'이라 하는데, 수행 결과로 부처님 몸을 받았다[報]는 말이다. 중생을 위해 몸을 나툰[化] 부처님이 '화신化身'이다.

진리 그 자체인 법신불은 번뇌가 티끌만큼도 없다. 청정한 진리 그 자체, '청정법신'이다. 보신불은 수행으로 부처님이 되었으니, 부처님 공덕을 빠짐없이 원만하게 갖춘 '원만보신'이다. 화신불은 중생에 따라 여러 모습으로 나타나니, '천백억 화신'이다.

법신, 보신, 화신은 별도의 부처님이 아니다. 한 부처님을 보는 측면에 따라 법신, 보신, 화신이 된다. 가령 깨달음을 얻었을 때 진리와 하나가 되었으니 법신불이고, 싯다르타 태자가 수행의 결과로 부처님이 되었으니 보신불이고, 중생을 제도하기 위해 그렇게 온 모습을 보여 주었으니 화신불이다.

사실 진리 그 자체는 형태나 언어, 그 무엇으로도 규정할 수 없기 때문에 법신은 모습으로 나타낼 수 없다. 그래서 중생을 위해 자비심으로 보신, 화신의 모습을 보인다. 그러니 모습으로 드러난 부처님은 참이 아니다. 단지 중생을 위해 인연으로 나타났을 뿐이다.

보신과 화신은 천 개의 강에 비친 달과 같다. 만 리에 구름이 없으면 만 리가 푸르듯이, 우리 마음에 번뇌 망상이 없으면 그대로 청정법신이다.

석가모니 부처님이 참이 아니라는 이 도리를 오해하지 말기를. 오히려 이 말씀에서 불교의 위대함이 느껴진다.

물에 비친 달을 잡으려 해도

『석문의범』「대예참례」

月磨銀漢轉成圓　　월마은한전성원
素面舒光照大千●　　소면서광조대천
連臂山山●●空捉影　　연비산산공착영
孤輪本不落靑天　　고륜본불락청천

달이 은하수를 오가면서 닳아 둥글게 되어
흰 얼굴에서 빛을 놓아 대천세계를 비춘다.
팔을 연이어 원숭이들이 물에 비친 달을 헛되이 잡으려 해도
보름달은 본래 하늘에서 떨어지지 않았다.

● 大千(대천): 수미산 중심의 세계가 천 개면 소천小千세계, 소천세계 천 개가 중천中千세계, 중천세계 천 개가 대천大千세계다. 이 대천세계를 '삼천대천세계 三千大千世界'라 한다. 쉽게 보자면 지구를 중심으로 하는 태양계가 10^9개다.

●● 山山(산산): 원숭이의 별명이다. 보통 '狌狌(성성)'이라 한다.

◈ 양산 통도사 대웅전 ◈

송나라 문인 소동파의 여동생 소소매蘇小妹의 시다. 『석문의범』 「대예참례」, 「관음예문례」 등에서 천백억 화신千百億化身 석가모니 부처님을 찬탄하는 게송이다. 의식집에서는 '화신영化身詠'이라 한다.

'달이 은하수를 오가면서 닳아 둥글게 되어[月磨銀漢轉成圓]'는 부처님이 오랜 시간 수행하여 깨달음을 얻었음을 비유하였다.

'흰 얼굴에서 빛을 놓아 대천세계를 비춘다[素面舒光照大千].'는 부처님 상호에서 광명이 빛나고 부처님의 지혜와 자비 광명으로 온 세상을 비춤을 비유하였다.

'물에 비친 달[影]'은 천백억 화신을 비유하고, 하늘에 있는 '보름달[孤輪]'은 청정법신을 비유한다.

'원숭이'와 '물에 비친 달'은 『마하승기율』 등에서 석가모니 부처님이 한 말씀이다.

"과거의 세상에 '바라내'라는 성이 있었는데 나라의 이름이 '가시'였다. 어느 오백 마리의 원숭이가 한적한 숲속에서 놀다가 니구율나무에 이르렀다. 그 나무 밑에 우물이 있었고, 우물 가운데 달이 비쳤다. 그때 우두머리 원숭이가 그 달그림자를 보고 동료들에게 말하였다.

'달이 오늘 줄어서 우물 가운데 떨어져 있다. 마땅히 함께 끌어내어 세간에서 긴 밤의 어두움이 사라지게 해야겠다.'

원숭이 무리가 서로 의논하여 말하였다.

'어떻게 해서 달을 끌어낼 것인가?'

그때 우두머리 원숭이가 말하였다.

'내가 달을 끌어내는 방법을 알고 있다. 내가 나뭇가지를 잡고 너희들은 내 꼬리를 잡아 펼쳐서 서로 연결하면 달을 끌어낼 수 있다.'

그때 원숭이들이 우두머리의 말대로 꼬리를 펼쳐 서로 붙잡았는데 물에 이르지 못하였다. 연결한 원숭이는 무겁고 나뭇가지는 약했다. 나뭇가지가 꺾이면서 연결되어 있던 원숭이들이 우물에 떨어졌다."

여기서 우두머리 원숭이는 부처님을 죽이려 했던 데바닷타의 전생이고, 원숭이 무리는 부처님 당시 그릇된 행을 일삼은 여섯 무리 비구[六群比丘]의 전생이다.

다른 이야기도 전해진다. 이 원숭이들이 우물에 비친 달을 부처님에게 공양하고자 그렇게 죽었다는 것이다. 원숭이들은 부처님에게 공양하려는 공덕으로 석가모니 부처님의 제자가 되어 아라한과阿羅漢果를 증득하여 오백 나한이 되었다고 한다.

한편, 통도사 대웅전에는 위 주련에 이어서 '默契菩提大

道心(묵계보리대도심)'이라는 주련이 더 있다. 그 구절은 『금강경오가해』 「선현기청분」에 대한 송나라 종경 스님의 게송 일부다.

問處孤高答處深　　문처고고답처심
妙圓眞淨不須尋　　묘원진정불수심
瞥然如是知端的●　　별연여시지단적
黙契菩提大道心　　묵계보리대도심

묻는 곳도 고고하고 답하는 곳도 깊으니
묘하고 원만하고 참되고 청정하여 찾을 수가 없다.
언뜻 이같이 뚜렷하고 밝은 자리를 깨달으면
묵묵히 보리의 대도심에 딱 들어맞는다.

● 端的(단적): 端倪的然(단예적연)의 준말. 핵심적인 뜻, 요체, 바로 그것, 그대로의 것, 정확한 자리를 뜻한다.

항상 보리좌에 앉아 있다

『화엄경』「여래현상품」

佛身充滿於法界　불신충만어법계
普現一切衆生前　보현일체중생전
隨緣赴感靡不周　수연부감미부주
而恒處此菩提座　이항처차보리좌

부처님 몸은 온 세계에 가득하여
모든 중생 앞에 두루 나타나신다.
인연에 따라 나아가서 두루하지 않음이 없지만
여기 보리좌에 항상 앉아 계신다.

◆ 제주 관음사 대웅전 ◆

법신불은 온 세계, 법계에 충만하여 화신과 보신으로 모든 중생 앞에 두루 나타난다. 부처님은 언제든지 중생을 위해 다양한 모습으로 나투어 중생에게 자비의 손길을 보내 준다. 그렇지만 항상 동요함이 없이 당신 자리에 머물러 있다. 인연에 따라 중생들과 함께 부대끼며 살아가지만, 당신 마음은 결코 흔들림이 없이 그대로다.

도인은 늘 마음이 여여하다. 중생을 위해 웃거나 성내거나 하는 모습을 보여도 마음은 동요함이 없다. 마치 재미있게 노는 아이들에게 미소를 보내기도 하고, 위험한 장난을 하는 아이에게 야단을 치는 듯한 모습을 보이기도 하지만, 아이를 사랑하는 마음은 변함없는 것과 같다.

부처님은 인연에 따라 중생에게 다양한 모습을 보이지만, 동시에 항상 보리좌(깨달음의 자리, 진여의 자리)에 앉아 있다.

모든 부처님의 공덕은 모두 같다

『석문의범』「대예참례」

佛身普遍十方中　불신보변시방중
三世如來一切同　삼세여래일체동
廣大願雲恒不盡　광대원운항부진
汪洋覺海渺●難窮　왕양각해묘난궁

부처님 몸은 시방세계에 두루하며
삼세의 모든 부처님은 모두 같으시네.
넓고 큰 원력의 구름은 항상 다함이 없고
넓은 깨달음의 바다는 아득하여 끝에 닿기 어렵다.

● 渺(묘): '妙(묘: 묘하다)'라 적힌 주련도 있다. 『석문의범』에도 '渺', '妙' 둘 다 보인다. 깨달음의 바다는 아득하고[渺] 묘하니[妙], 그 끝에 닿기 어렵고 헤아리기 어렵다.

◆ 공주 동학사 대웅전 ◆

여러 사찰의 대웅전에서 가장 많이 보는 게송이다. 부처님은 공간적[十方], 시간적[三世: 과거, 현재, 미래]으로 두루하고, 모든 부처님 공덕은 차별 없이 모두 같다. 모든 부처님의 원력은 다함이 없고, 깨달음의 경지는 헤아리기 어렵다.

부처님의 원력은 구름처럼 인연에 따라 뭉게뭉게 피어올라 세상을 감싸주고, 때에 따라 비를 내려 여러 생명을 자라게 한다. 그러므로 '원력의 구름[願雲]'이라 하였다.

깨달음의 경지는 넓은 바다처럼 모든 것을 포함하며 끝이 없다. 그러므로 '깨달음의 바다[覺海]'라 하였다. 『능엄경』에 '각해의 성품은 맑고 원만하며, 원만하고 맑은 깨달음은 원래 묘하다.'라고 하였다.

모든 부처님의 원력은 다함이 없고, 깨달음의 경지는 헤아리기 어렵다. 단지 제도할 중생의 근기에 따라 나타나는 모습이 다를 뿐이다. 가령 석가모니 부처님은 이 땅에 와서 45년 동안 많은 중생을 제도하였지만, 미래에 올 미륵 부처님에 비하면 적은 수다. 그리고 『법화경』에는 많은 부처님이 등장하는데, 제도하는 기간이 다 다르다. 이처럼 부처님의 모습이 다른 것은 부처님 공덕(능력)에 차이가 있는 것이 아니라 제도할 중생의 근기에 따라 차이를 보일 뿐이다.

모든 성인이 법회에 왕림하다

『석문의범』「상단소」

佛葉難鳴樹摩能　불섭난명수마능
威光遍照十方中　위광변조시방중
月印千江一切同　월인천강일체동
四智°圓明諸聖士　사지원명제성사
賁臨法會利群生　분림법회이군생
華阿方般法涅呪　화아방반법열주

부처님, 가섭, 아난, 마명, 용수, 달마, 혜능.
부처님 위엄의 빛은 시방세계에 두루 비추니
달이 천 개의 강에 비추어도 모두가 같다.
네 가지 지혜로 원만하게 밝은 모든 성인께서
법회에 왕림하여 많은 중생을 이롭게 하신다.
화엄경, 아함경, 방등경, 반야경, 법화경, 열반경, 비밀주.

● 四智(사지): 대원경지大圓鏡智(큰 거울처럼 마음에 세상이 다 드러나는 지혜), 평등성지 平等性智(세상과 너와 내가 평등함을 살피는 지혜), 묘관찰지妙觀察智(걸림 없이 모든 것을 살피는 지혜), 성소작지成所作智(중생을 이롭게 하고자 여러 변화를 나타내는 지혜) 등 네 가지 지혜이다.

◈ 해남 대흥사 대웅보전 ◈

대흥사 대웅보전의 기둥이 여섯 개이므로 여섯 개의 주련이 있다. 불보살님을 찬탄하는 게송을 중심으로 좌우에는 부처님과 역대 조사, 경전을 찬탄하는 게송이다.

제2구~제5구 게송은 불단 상단에 올리는 글[上壇疏]이며, 불보살님을 찬탄하는 가영歌詠으로 사용한다. 가영은 불보살님의 공덕을 게송으로 찬탄하는 불교 의식으로, '가송歌頌'이라고도 한다. 위 게송은 「미타청」, 「칠성청」 등에서 보인다.

부처님 공덕은 위엄의 빛으로 세상에 두루하다. 천 개의 강에 천 개의 달이 비치듯 중생의 근기에 맞게 다양한 모습으로 다양한 가르침을 펼치지만, 그 모습과 가르침의 근본은 모두 같다. 중생이 바로 부처님이다. 이를 모르는 중생을 위해 성인들이 법회에 왕림하여 팔만사천법문으로 중생을 이롭게 한다.

가영 게송의 내용에 맞게 제1구는 부처님부터 법등을 이어온 마하가섭 존자·아난 존자·마명 보살·용수 보살·달마 대사·혜능 대사를 찬탄하였고, 제6구는 팔만사천법문인 화엄경·아함경·방등경·반야경·법화경·열반경·비밀주를 언급하였다.

인연에 따라 푸르거나 누렇게

—

『금강경오가해』

摩訶大法王　마하대법왕
無短亦無長　무단역무장
本來非皁白　본래비조백
隨處現靑黃　수처현청황

마하대법왕인 부처님께서는
짧음도 없고 또한 김도 없으시다.
본래 검거나 희지도 않은데
인연에 따라 푸르거나 누렇게 나타나신다.

◆ **강화 정수사 대웅보전** ◆

'마하摩訶'는 크다[大]는 뜻이다. 위대하고 위대한 법왕은 부처님을 가리키는 말로, 부처님은 진리와 하나가 된 분이다.

깨달음의 경지는 '언어도단言語道斷 심행처멸心行處滅'로 언어의 길이 끊어지고, 마음이 움직이는 곳이 사라진 자리다. 일상에서 말장난을 언어도단이라고 하는데 와전되었다.

우리는 언어로써 분별한다. 분별할 때는 언어가 동반되고, 분별이 사라지면 언어도 사라진다. 분별이 사라질 때 진리와 하나가 된다. 언어가 사라진 진리의 세계는 어떤 특정 언어로 규정할 수 없으며 단지 '진리'라는 언어로 표현할 뿐이다.

부처님도 마찬가지다. '부처님'이라는 언어로써 이름할 뿐, 부처님과 부처님이 깨달은 경지는 짧다거나 길다거나 검다거나 희다거나 무엇으로도 규정할 수 없다. 그러나 표현을 하지 않으면 중생은 알 수 없기에 중생을 위해 인연에 따라 푸르거나 누렇거나 다양한 모습과 가르침을 보여 줄 뿐이다.

그런데 또 어리석은 중생은 푸르거나 누렇게 나타난 모습과 가르침에 집착한다. 손가락으로 달을 가리키면 달을 봐야 하는데 손가락에 집착한다. 그러니 '화신 석가모니 부처님은 참이 아니다.'라는 도리를 이해하기 힘들다.

우리는 자신이 겪어 온 경험으로 세상을 본다. 그 경험을 기준으로 어떤 상황을 '옳다', '그르다' 판단하고 선입견에 막혀 더 넓은 관점으로 보지 못한다. 분명 상황에 따라 다양한 모습과 색깔로 보이는데도 '짧다', '길다', '희다', '검다' 등 고정된 관점에 갇혀서 살아가고 있다.

세간에서 허공처럼 연꽃처럼

『불설초일명삼매경佛說超日明三昧經』

處世間如虛空 처세간여허공
如蓮花不着水 여연화불착수
心淸淨超於彼 심청정초어피
稽首禮無上尊 계수례무상존

세간에 머물러도 마치 허공과 같고
물에 젖지 않는 연꽃과 같으시다.
마음이 청정하여 피안으로 건너가신
위없는 부처님께 머리 조아려 예배합니다.

◈ 포항 오어사 자장암 대웅전 ◈

자장암 대웅전 측면에 있는 주련 게송이다. 측면 기둥이 세 개이므로 제1구는 없고 나머지 구절만 걸려 있다. 『불설초일명삼매경』에서 석가모니 부처님을 찬탄하는 게송이다. 계수게

稽首偈, 관음시식觀音施食 중 영가를 마지막 봉송하며 부처님에게 귀의시키는 의식에서 이 게송을 읊는다.

부처님이 위대한 이유 가운데 하나는 깨달음을 얻은 뒤 그냥 열반에 들지 않고 중생과 함께하였다는 점이다. 부처님은 중생과 함께하면서도 허공처럼 걸림 없이 자유자재하였다. 그리고 마치 진흙 속에서 핀 연꽃이 진흙에 물들지 않고 오히려 연못을 맑게 하는 것처럼, 온갖 고통과 번뇌가 가득한 세속에 함께하면서도 마음이 청정한 채 이 세상을 맑고 향기롭게 하였다. 오늘을 사는 우리가 원효 스님을 기억하는 이유도 그렇다. 저잣거리에서 중생과 함께하였기 때문이다.

가끔 우리는 꿈을 펼치지 못하고 살다간 천재를 '시대를 앞서간 사람'이라고 한다. 좋게 미화하는 말이다. 하지만 다르게 생각하면, 그냥 자기 혼자 자기 생각대로 살다가 간 사람이다. 부처님을 시대를 앞서간 천재라고는 하지 않는다. 자기 생각을 주장하기 이전에 다른 사람의 위치에서 이야기를 풀 필요가 있다. 한 사람이 열 걸음 앞서가는 것보다 열 사람이 한 걸음씩 함께하는 것이 필요하다.

부처님은 진묵겁 전에 성불하였다

—

『석문의범』「팔상전청」

塵墨劫前早成佛 진묵겁전조성불
爲度衆生現世間 위도중생현세간
巍巍德相月輪滿 외외덕상월륜만
於三界中作導師 어삼계중작도사

부처님께서는 일찍이 진묵겁 전에 성불하였지만
중생을 제도하러 세상에 오셨다.
높고 높은 덕상은 둥근달처럼 원만하며
삼계 가운데 중생을 이끄는 스승이시다.

◈ 서울 봉원사 대웅전 ◈

"내가 성불한 지는 무량무변 백천만억 나유타겁이다. 가령 어떤 사람이 오백천만억 나유타 아승기 삼천대천세계를 모두 티끌로 만들어 동방으로 오백천만억 나유타 아승기 국토를 지날 때마다 한 티끌씩 떨어뜨린다."

"티끌을 떨어뜨린 국토나 그렇지 않은 국토를 모두 합하여 티끌로 만들고 그 한 티끌을 1겁이라 하여도, 내가 성불한 지는 이보다 백천만억 나유타 아승기겁이나 더 오래되었다."

_『법화경』「여래수량품」

석가모니 부처님이 2,600년 전에 와서 성불한 것은 중생을 위한 방편이다. 성불한 지는 이미 무량무변 백천만억 나유타겁이 지났다. 이는 무량(10^{53})무변(10^{52}) 백(10^2)천(10^3)만(10^4)억(10^8) 나유타(10^{11}), 즉 10^{133}겁이라는 특정 시간이 아니다. 셀 수 없는 세월이다. 오백진점겁五百塵點劫의 비유가 있다.

비유하면, 오백천만억 나유타 아승기 삼천대천세계를 티끌로 만들고, … 그 모든 티끌의 겁수보다 부처님이 성불한 지는 백천만억 나유타 아승기(10^{51})겁이 더 오래되었다.

부처님은 이미 오래전에 성불하였고, 다른 수많은 국토에서 중생을 제도하였다. 그리고 이 땅의 중생을 위해 2,600년 전에 왔다. 둥근달처럼 지혜 덕상을 갖춘 부처님은 욕계, 색계, 무색계 중생을 인도하는 삼계도사로서 자비를 베푼다.

바닷물 다 마시고 바람 붙잡아도

『화엄경』「입법계품」

온 누리 티끌 세어서 알고
큰 바다물을 모두 마시고
허공을 재고 바람 얽어도
부처님 공덕 다 말 못 하네.

刹塵心念可數知   찰진심념가수지
大海中水可飮盡   대해중수가음진
虛空可量風可繫   허공가량풍가계
無能盡說佛功德   무능진설불공덕

세계의 티끌을 마음으로 헤아려 알고
큰 바다의 물을 다 마시고
허공을 헤아리고 바람을 붙들어 맬 수 있어도
부처님의 공덕은 다 설명할 수 없다.

◆ 강화 청련사 큰법당 | 서울 문수사 대웅전 ◆

이번에는 우리말 게송의 주련과 한문 게송의 주련을 함께 뽑아 보았다. 한문 게송을 우리말로 풀이하여 쓴 주련이 가끔 보이는데, 다양한 문화를 접해서 좋다.

위 게송은 『석문의범』 아침 종송 장엄염불 등에도 등장한다. 『화엄경』(80권) 「입법계품」, 『화엄경』(40권) 「보현행원품」 등에서 보현보살이 부처님의 공덕을 찬탄하는 게송 중 일부다.

보현보살은 '그대들은 자세히 들으십시오. 내가 이제 부처님의 공덕 바다에서 한 방울만큼 말하려 합니다.'라고 하면서 부처님의 공덕을 찬탄한다.

부처님의 공덕 바다 가운데 한 방울만큼을 말해도 그처럼 어마어마한데, 부처님의 공덕 바다는 어떠하겠는가. 불가사의不可思議하고 불가사의하다. 생각하거나[思] 말로 이야기[議]할 수가 없다[不可].

그러한 부처님의 공덕은 우리에게 눈에 보일 정도로 다가오기도 하고 은근히 다가오기도 한다. 지금 당장 눈에 보이지 않는다고 없는 것이 아니다. 명훈가피력冥熏加被力, 부처님의 가피는 은근하게 스며들기도 한다. 이 순간이 바로 부처님 공덕이다.

서풍이 임야를 흔들고 외기러기가 울다

『금강경오가해』

山堂靜夜坐無言　산당정야좌무언
寂寂寥寥本自然　적적요요본자연
何事西風動林野　하사서풍동림야
一聲寒雁唳長天　일성한안여장천

산당의 고요한 밤에 말없이 앉았으니
고요하고 고요하여 본래 자연 그대로다.
무슨 일로 서풍은 임야를 흔들고
먼 하늘에 외기러기는 울고 있는가?

◆ **부산 태종사 대웅전** ◆

새벽에 법당 종을 치면서 읊는 장엄염불 가운데 일부다. 『금강경』 「장엄정토분」 '應無所住 而生其心(응무소주 이생기심: 머무는 바 없이 그 마음을 내라)'에 대한 야보 스님의 풀이다.

경전 말씀은 '집착 없이, 선입견 없이 마음을 내라.'라는 뜻이다. 우리는 선입견으로 집착하며 세상을 본다. 선입견으로 집착하는 분별 망상을 내려놓으면 고요하고 고요하다. 그리고 고요하지만 않고 세상 그대로 드러난다. 산은 산이고 물은 물이다.

"노승이 삼십 년 전 참선하기 전에는 산을 보면 산이었고 물을 보면 물이었다.
그 뒤 훌륭한 선지식을 만나게 되어 선정에 들어가 보니 산을 보아도 산이 아니었고 물을 보아도 물이 아니었다.
그러나 이제 진실로 깨달음을 얻고 나니 예전과 다름없이 산을 보면 단지 산이고 물을 보면 단지 물이다."

_『속전등록續傳燈錄』, 청원유신靑原惟信 스님 게송

'산을 보면 단지 산이고(…)'라는 말이 '산은 산이요, 물은 물이다.'라는 성철性徹 스님(1912~1993) 법어의 원조 격이다.

진여, 청정한 마음은 공空으로만 규정할 수 없다. 불공不空의 의미도 있다. 진여, 청정한 마음에는 번뇌와 분별 망상이 없고[空], 무한한 공덕이 있다[不空]. 이 공덕으로 세상은 그대로 드러나며, 중생을 위한 지혜와 자비 광명이 있다.

주련에서 '서풍이 임야를 흔들고, 먼 하늘에 외기러기가 울고 있는 것'은 분별 망상이 사라진 상태에서 드러난 세상 모습이다. 응무소주 이생기심이다. 'Just be.' 다만-할 뿐이다.

부처님의 몸이 큰 광명을 널리 놓으니

—

『화엄경』「비로자나품」

佛身普放大光明　불신보방대광명
色相無邊極淸淨　색상무변극청정
如雲充滿一切土　여운충만일체토
處處稱揚佛功德　처처칭양불공덕
光明所照咸歡喜　광명소조함환희
衆生有苦悉除滅　중생유고실제멸

부처님의 몸이 큰 광명을 널리 놓으니
색상이 가없고 지극히 청정하고
구름처럼 모든 국토에 충만하여서
곳곳에서 부처님의 공덕을 찬탄한다.
광명이 비치는 곳, 모두 환희하고
중생의 괴로움이 모두 사라지니

◆ 합천 해인사 대적광전 大寂光殿 ◆

대위광동자大威光童子가 바라밀선안장엄왕불波羅蜜善眼莊嚴佛의 공덕을 찬탄하는 게송 중 일부다. 다음은 위 제5구~제6구 게송에서 이어지는 내용이다.

各令恭敬起慈心　각령공경기자심
此是如來自在用　차시여래자재용

각각 공경하고 자비심을 내게 한다.
이것이 부처님의 자재한 작용이다.

그런데 이 공덕은 모든 부처님에게 해당한다. 따라서 이 게송은 대웅전, 대적광전 등에서 볼 수 있다.

대적광전의 본존불은 『화엄경』의 교주인 법신 비로자나 부처님이다. 비로자나는 Vairocana의 음역으로 '광명'을 뜻한다. 비로자나 부처님의 과거 원력과 수행으로 깨끗하게 꾸며진 세계인 연화장세계蓮華藏世界는 큰 연꽃 속에 헤아릴 수 없는 세계가 거듭 포함되어 있다. 연화장세계는 바로 깨달음, 정각의 세계다.

대적광은 연화장세계가 대적정大寂靜의 세계라는 뜻에

서 비롯되었다. 대적정은 '고요하고 고요하다.'라는 뜻으로 모든 번뇌가 사라지고 허망 분별이 끊어진 대열반을 말한다. 따라서 대적광은 '고요하고 고요한 가운데 부처님 지혜 광명으로 온 세상이 그대로 드러난다.'라는 뜻이다.

맑음이 지극하여 빛이 환하고

—

『능엄경楞嚴經』

淨極光通達　정극광통달
寂照含虛空　적조함허공
却來觀世間　각래관세간
猶如夢中事　유여몽중사
雖見諸根動　수견제근동
要以一機抽　요이일기추

맑음이 지극하여 빛이 환하고
고요히 비추어 허공을 머금는다.
물러나서 세간을 살펴보니
마치 꿈속의 일과 같다.
비록 모든 근이 움직이는 것을 볼지라도
요컨대 한 기틀의 발동으로 움직인다.

◈ 공주 마곡사 대광보전 大光寶殿 ◈

수행 방편을 묻는 부처님 질문에 문수보살이 답한 게송의 일부다. 제1구~제4구는 『능엄경』 사구게라고 할 정도로 중요하다. 『종경록』, 『석문의범』 「다비편」 등에도 등장한다.

열반을 '적조寂照'라고 한다. 마음이 깨끗하여 끝내 고요하면 지혜 광명으로 환하게 된다. 따라서 '정극淨極'은 적적의 의미고, '광통달光通達'은 조조의 의미이다. 고요하지만 텅 빈 것이 아니라 빛으로 가득하다. 마치 물이 잔잔하니 물에 세상이 드러나고, 구름이 벗어나니 달빛이 온 세상에 가득한 것과 같다. 그리하여 고요하고 밝은 지혜로 세상을 살펴보니, 마치 꿈속의 일과 같다.

그리고 대광보전 기둥이 여섯 개이다 보니, 『능엄경』에서 바로 이어지는 게송 가운데 2구를 첨가하였다.

如世巧幻師　여세공환사
幻作諸男女　환작제남녀
雖見諸根動　수견제근동
要以一機抽　요이일기추
息機歸寂然　식기귀적연
諸幻成無性　제환성무성

세상에서 실력 좋은 환술사가
남녀들을 환술로 만든 것과 같다.
비록 모든 근이 움직이는 것을 볼지라도
요컨대 한 기틀의 발동으로 움직인다.
한 기틀이 발동을 멈추고 고요하게 되면
모든 환상은 실재하는 성품이 없다.

환술사가 환술로 남녀를 만들어 움직임을 보이는 것은, 어느 중요한 기틀(기능 또는 장치)의 발동으로 시작한다. 만약 기틀의 작동을 멈추면 환술로 만든 남녀는 사라진다. 환술로 만든 남녀는 실재하는 성품이 없기 때문이다.

우리가 분별하는 세상도 마찬가지다. 무명과 함께하는 우리 마음에서 움직임이 일어나 안이비설신의眼耳鼻舌身意 육근六根인 인식 기관이 작용하여 세상을 분별하고 집착한다. 만약 무명과 함께하는 마음을 멈추면 육근의 작용으로 인한 분별이 일어나지 않는다. 그때 번뇌를 마음대로 소멸하여 원만하게 밝고 맑은 묘한 경지를 이룬다. 밝은 경지가 완연하게 되면 그게 바로 여래, 부처님이다.

한편 마곡사 안내문에는 '수견제근동雖見諸根動 요이일기추要以一機抽'를 '비록 육근(눈, 귀, 코, 혀, 몸, 뜻)이 유혹을 만날지라도 / 한마음을 지킴으로써 단번에 뽑아 버릴지어다.'로 풀이한다. 갑사 대웅전의 기둥에도 '비록 모든 움직임이 보일지라도 / 요컨대 단번에 뽑아 버릴지이다.'라는 해석이 적혀 있다.

해석에는 차이가 나지만 전하고자 하는 가르침은 다르지 않다. 허망한 생각을 멈추면, 마음이 고요하고 지혜가 빛나서 세상이 꿈과 같음을 알 수 있다.

시방에 두루한 화엄세계

『간화결의론看話決疑論』

五蘊山頭古佛堂　오온산두고불당
毘盧晝夜放毫光　비로주야방호광
若知此處非同異　약지차처비동이
卽是華嚴徧十方　즉시화엄변시방

오온산 꼭대기의 옛 불당에서
비로자나 부처님께서 밤낮으로 백호 광명을 비추신다.
만약 이 자리는 같음도 다름도 아님을 안다면
곧 시방에 두루한 화엄세계다.

● 위 주련 게송은 보조 스님『간화결의론』에서는 당나라 말산요연 스님의 게송처럼 보인다. 그런데 송나라 연수延壽 스님(904~976)의『종경록』에서는 당나라 관계지한灌溪志閑 스님(?~895)의 게송이다.

◆ 영주 비로사 적광전寂光殿 ◆

오온五蘊은 색수상행식色受想行識으로서 분별 작용이자 분별 집착하여 드러난 중생의 모습이다. 따라서 '오온산五蘊山'은 중생이다.

그런데 오온산 꼭대기의 오래된 법당에는 본래 부처님이 있다. 중생이 부처님이다. 청정한 마음 그대로인 비로자나 부처님이 밤낮으로 백호 광명을 비추고 있지만, 아둔한 중생은 본래 부처님인 줄 모르고 중생 놀음에 빠져 있다.

청정한 마음에는 범부와 성인이 본래 없다. 어찌 '같다', '다르다' 헤아리거나 따질 게 있겠는가. 만약 이 자리는 같음도 아니고 다름도 아님을 안다면, 곧 시방세계는 비로자나 부처님이 있는 화엄세계, 연화장세계다. 마음 하나 돌리면 극락이다.

문득 수나라 승찬僧璨 스님(?~606)의 가르침이 생각난다.

至道無難　지도무난
唯嫌揀擇　유혐간택
但莫憎愛　단막증애
洞然明白　통연명백

지극한 도는 어렵지 않으니
오직 간택(분별)을 꺼릴 뿐이다.
단지 미워하거나 사랑하지만 않으면
환하게 명백하리라.

_『신심명信心銘』

아미타 부처님이 있는 곳?

彌陀休問我　미타휴문아
一念在回頭　일념재회두
水碧山空裡　수벽산공리
風淸月落秋　풍청월락추

아미타 부처님이 계시는 곳을 나에게 묻지 말라.
일념으로 고개를 돌리는 곳에 계시니.
물은 푸르고 산은 텅 빈 가운데
맑은 바람이 불고 달이 지는 가을이다.

◈ **정읍 내장사 극락전** ◈

"여기에서 서쪽으로 십만 억의 불국토를 지나서 한 세계가 있는데, 그 이름을 극락이라 하느니라. 그곳에 계시는 부처님을 일러 아미타 부처님이라 하며, 지금도 바로 그 극락세계에서 설법하고 계시느니라."

_『아미타경阿彌陀經』

'아미타 부처님이 계시는 곳을 나에게 묻지 말라.'라는 말에 위 경전대로 답하면, 게송 말씀을 제대로 이해하지 못한 꼴이 된다. 아마 '잘났어, 정말!'이라는 핀잔을 들을 수 있다.

정토淨土는 청정한 부처님 나라로, 범부가 사는 예토穢土에 상대된다. 많은 부처님이 있는 만큼 정토도 수없이 많다. 정토에는 타방정토설과 차방정토설이 있다.

타방정토설他方淨土說은 저 멀리 아미타 부처님의 서방 극락세계, 약사 부처님의 동방 유리광세계 등에 왕생하고자 하는 견해다. 차방정토설此方淨土說은 예토를 바로 정토로 바꾸고자 하는 견해로, 유심정토설唯心淨土說이 그렇다. 마음가짐에 따라 여기가 정토라는 말이다.

"보살이 정토를 얻으려면 그의 마음을 청정하게 가질 것이다. 그의 마음이 청정함을 따라 곧 부처님의 국토가 청정하다."

_『유마경』「불국품」

그런데 타방정토, 차방정토는 중생의 근기에 따른 차이일 뿐, 같은 가르침이다. 마음가짐에 따라 시방세계가 바로 정토다. 모든 곳이 극락이고, 아미타 부처님이 있는 곳이다.

오해하여 헤어지자며 돌아서는 연인에게 말하였다.

"그렇게 가 버리면 지구 한 바퀴를 돌아야 나를 만날 수 있지만, 지금 돌아서면 바로 나를 만날 수 있어."

무량 생명, 무량 광명인 아미타불

『석문의범』「미타청」

無量光中化佛多　무량광중화불다
仰瞻皆是阿彌陀　앙첨개시아미타
應身各挺黃金相　응신각정황금상
寶髻都旋碧玉螺　보계도선벽옥라

무량한 빛 가운데 나툰 부처님이 많은데
우러러 바라보니 모두 아미타 부처님이시다.
응하여 나툰 몸은 각각 빼어난 황금상이고
보계는 모두 푸른 옥빛의 나발로 휘감아 돈다.

◆ 문경 김룡사 극락전極樂殿 ◆

아미타 부처님을 찬탄하는 가영으로 사용하는 게송이다. 아미타 부처님은 서방 정토 극락세계의 교주이다. 『아미타경』에 의하면, 부처님의 광명이 한량없고 부처님의 수명과 그 나라 인민의 수명이 한량없으므로 아미타라고 한다.

아미타는 범어로 아미타유스(Amitāyus), 아미타바(Amitābha)이다. 아미타유스는 '한량없는 수명'을 의미하고, 아미타바는 '한량없는 광명'을 의미한다. 따라서 '아미타불'은 무량수불無量壽佛, 무량광불無量光佛이다.

아미타 부처님은 중생을 극락으로 인도하고자 수많은 부처님으로 나타난다. 그 모든 부처님이 아미타 부처님의 화신불이자, 중생의 근기에 맞게 응하여 나타난 응신불이다. 화신과 응신은 중생을 위해 나타난 부처님으로, 같은 의미다. 그렇게 응하여 나타난 모든 아미타 부처님은 삼십이상 팔십종호를 갖추었다. 게송에서는 '신금색상身金色相 정상육계상頂上肉髻相'을 언급한다. 즉 부처님 몸은 붉은빛이 도는 황금색으로 빛난다. 정수리는 살이 우뚝 솟아난 모습인 육계(살 상투)로서 보계寶髻라고 하며, 머리카락은 우로 감돌고 있어 소라 모양 같다고 하여 나발螺髮이라고 한다.

그런데 유의해야 한다. 모든 불보살님이 꼭 삼십이상 팔십종호를 갖춘 모습으로만 나타나는 것은 아니다. 저잣거리의 걸인으로도 나타나고, 악역惡役으로도 나타난다. 우리 곁에 있는 누구에게나 배울 점이 있으니 그가 바로 생명이요, 빛이며, 아미타 부처님이다. 타산지석 반면교사라는 말도 있지 않은가.

나무아미타불 한 번이라도 하면 극락 간다

世自在王如來世時　세자재왕여래세시
有一比丘名曰法藏　유일비구명왈법장
偏憐忍界*難化衆生　편련인계난화중생
修六八願創設具行　수육팔원창설구행
因以成佛厥號彌陀　인이성불궐호미타
現棲蓮邦**接引不休　현서연방접인불휴

세자재왕여래께서 세상에 계실 때
법장이라 이름하는 한 비구가 있었으니
사바세계에서 교화하기 힘든 중생을 연민하여
사십팔원을 세우고 온전하게 수행하였다.
이로 인해 성불하여 아미타불이라 이름하는데
극락세계에 있으면서 쉬지 않고 중생을 인도하신다.

---

* 忍界(인계): 사바세계를 말한다. 사바는 범어 Sahā의 음역으로 인忍·감인堪忍·능인能忍이라 번역한다. 사바세계는 인토忍土·인계忍界·감인토堪忍土로 참지 않고는 살 수 없는 곳이다. 이 땅에서 중생은 번뇌를 참아야 하고, 성자는 피곤함을 참으며 교화해야 한다. 그러므로 사바세계, 인계다.

** 蓮邦(연방): 연꽃으로 장엄한 극락세계를 말한다.

◆ 의정부 회룡사 극락보전極樂寶殿 ◆

아미타 부처님 수행 전후를 정리한 『무량수경』의 게송이다.

헤아릴 수 없는 아득한 과거, 세자재왕여래世自在王如來가 출현했을 때 한 국왕이 부처님 설법을 듣고 발심하여 법장비구가 되었다. 그는 세자재왕여래 앞에서 사십팔원四十八願을 세우고, 한없는 세월 동안 수행하였다. 한 생만이 아니었다. 수많은 생을 수행하였고, 그 결과 지금으로부터 십겁 전에 성불하여 아미타 부처님이 되었다. 아미타 부처님은 여기로부터 서방으로 십만 억 국토 밖 극락세계를 이루고 중생을 인도하여 깨닫게 한다. 중생이 극락에 왕생할 때는 어머니의 몸을 빌리지 않고 연꽃 속에 있다가 태어난다.

사십팔원에 의하면, 지극한 마음으로 염불하면 극락세계에 왕생한다고 한다. 이 내용을 옛 스승들은 간단한 가르침으로 풀이하였다.

"죽기 전에 나무아미타불을 한 번이라도 하면 극락 간다."

그것마저도 쉽지 않은 듯하다, 이 사바세계에 아직도 많은 중생이 있는 걸 보면. 실제 위급상황에 당황하여 119전화도 걸기 힘든데 죽음 앞에서 나무아미타불이 나오겠는가. 마음을 내려놓아야 가능한 일이다. 아니면 죽음 앞에서 참다운 참회를 하거나.

학의 머리가 붉음을 몇 번이나 보았는가

『석문의범』「조송주문」

青山疊疊彌陀窟　청산첩첩미타굴
蒼海茫茫寂滅宮　창해망망적멸궁
物物拈來無罣碍　물물염래무가애
幾間松亭鶴頭紅　기간송정학두홍

겹겹이 푸른 산은 아미타 부처님의 법당이고,
아득한 푸른 바다는 적멸의 도량이다.
만물은 오고 감에 걸릴 것이 없는데
소나무에 깃든 학의 머리가 붉음을 몇 번이나 보았는가.

◆ **원주 상원사 대웅전** ◆

새벽에 법당 종을 치면서 읊는 장엄염불 가운데 일부다. 깨달음의 경지를 읊은 오도송悟道頌이라고도 한다. 깨달음의 경지에 분별을 덧붙여 게송을 살펴본다.

마음 하나 돌리면 겹겹이 둘러싼 청산이 아미타 부처님이 있는 법당이고, 아득하게 넓은 푸른 바다가 바로 모든 번뇌가 사라진 열반, 적멸의 경지다. 모든 곳이 바로 극락이고, 적멸(열반) 도량이다.

삼라만상이 걸림 없이 오가며 펼쳐지는, 지금 여기가 소중한 곳이고 아름다운 순간이다. 그런데 어리석은 중생은 자기 생각에 빠져 이 평범한 진리를 늘 잊고서 고통 속에 헤매고 있다.

당연함을 모르고 살아가기에 물어본다.

"소나무에 깃든 학의 머리가 붉음을 몇 번이나 보았는가?"

학은 소나무에 깃들어 산다. 그리고 학의 머리가 붉다는 것은 당연하다. 진리는 곁에 있다.

한순간에 무량한 공덕을 이룬다

—

『석문의범』「조송주문」

極樂堂前滿月容 극락당전만월용
玉毫金色照虛空 옥호금색조허공
若人一念稱名號 약인일념칭명호
頃刻圓成無量功 경각원성무량공

극락당 앞에 둥근달과 같은 부처님 모습
옥호의 금색 광명은 허공을 비춘다.
만약 사람이 일념으로 부처님 명호를 부르면
한순간에 무량한 공덕을 원만하게 이룬다.

◆ 속초 신흥사 극락보전 ◆

새벽에 법당 종을 치면서 읊는 장엄염불 가운데 일부다. 서방 정토를 극락極樂, 안락安樂, 안양安養이라 한다. 그 나라의 중생은 아무런 괴로움이 없고 모든 즐거움만을 누리므로 '극락'

이다. 지옥, 아귀, 축생의 고통이 없고 즐거움의 소리만 있으므로 '안락'이다. 모든 부처님 나라에 나아가서 불보살님을 공양하고 기쁜 마음으로 돌아오므로 '안양'이다. 혹은 몸과 마음이 편안하고 잘 자라나고 잘 살기 때문에 '안양'이다.

극락에 있는 아미타 부처님은 보름달처럼 삼십이상 팔십종호를 갖춘 원만한 모습이다. 허공을 비추는 백호 광명은 지혜와 자비 광명이며, 자비 방편으로 중생을 제도한다.

수많은 세월을 수행해야 깨달음을 얻는다고 한다. 이 말에 겁을 먹고 아예 포기하는 이도 있다. 이처럼 겁약한 자의 신심을 보호할 수 있는 뛰어난 방편이 있으니, 바로 염불 수행이다.

염불念佛은 '부처님을 생각한다.', '부처님 명호를 부른다[稱].'라는 의미다. 일념一念은 '분별 망상이 없는 마음' 또는 '한 찰나'라는 뜻으로, 염念은 '찰나'라는 시간 단위도 된다.

한 찰나라도 분별 망상이 없는 마음으로 부처님 명호를 부르면, 한순간에 무량한 공덕을 원만하게 이룬다. 그리고 염불 수행의 인연으로 원願에 따라 타방의 불국토(극락)에 태어난다.

"심오한 법을 듣고 즐거운 환희심으로 믿어 의혹을 일으키지 않고 내지 일념一念이라도 부처님을 생각하여 지극한 마음으로 저 국토에 태어나려고 원한다. 이 사람이 임종할 때 꿈결에 부처님을 뵙고 왕생한다."

_『무량수경無量壽經』

모든 수행의 기본은 생각 내려놓기

『나옹화상어록懶翁和尚語錄』

阿彌陀佛在何方　아미타불재하방
着得心頭切莫忘　착득심두절막망
念到念窮無念處　염도염궁무념처
六門常放紫金光● 육문상방자금광

아미타 부처님께서 어느 곳에 계시는가?
마음에 깊이 새기고 절대 잊지 말라.
생각이 다하여서 생각이 없는 곳에 이르면
여섯 문에서 항상 자금색 광명이 빛나리라.

● 紫金光(자금광): 부처님 몸에서 나는 붉은빛이 도는 금빛을 일컫는 말이다.

◆ 양양 영혈사 극락보전 ◆

새벽에 법당 종을 치면서 읊는 장엄염불 가운데 일부다. 고려 말 나옹懶翁 스님(1320~1376)이 누이에게 답한 게송이다.

스님의 누이가 스님이 거처하는 절에 왔다. 누이는 스님의 누이라는 이유로 빈둥빈둥 지내기만 하였다. 어느 날 스님이 누이에게 말하였다.

"누이는 왜 기도하지 않고 그렇게 저렇게 지내십니까?"

누이는 대답하였다.

"아니, 내 동생이 스님인데 잘 알아서 나를 위해 기도해 주지 않겠습니까."

스님은 아무 말도 없이 자리를 피해 버렸다. 공양 시간이 되었는데도 스님은 누이를 부르지 않았다. 공양 시간이 지나고 누이가 스님에게 '왜 공양을 주지 않느냐?' 하자 스님은 말하였다.

"제가 먹은 것이 누이가 먹은 것과 다름없지 않습니까?"

제대로 한 방 먹은 누이가 '어떻게 수행하는가?' 묻자 나옹 스님은 위 게송을 지어 답하였다.

모든 수행의 기본은 생각 내려놓기다. 앞에 펼쳐진 세상은 안이비설신의 육근六根을 통해 분별한 모습일 뿐인데, 실재라고 집착한다. 그것은 내가 본 세상이지, 세상 자체는 아니다. 태양은 지구를 돌지 않고, 개는 '멍멍' 짖지 않는다. 그렇게 보거나 들을 뿐이다. 그러나 자기 생각에 빠져 참모습을 알 수가 없다.

사마타[止]는 생각을 멈추는 수행, 위파사나[觀]는 특정 대상에 집중하여 잡생각을 내려놓는 수행이다. 수행하여 생각 없는 곳에 도달하면, 육근에는 지혜 광명이 항상 빛난다.

삼계는 우물의 두레박과 같아서

『석문의범』「조송주문」

三界猶如汲井輪 삼계유여급정륜
百千萬劫歷微塵 백천만겁역미진
此身不向今生度 차신불향금생도
更待何生度此身 갱대하생도차신

삼계는 마치 오르내리는 우물의 두레박과 같아서
백천만겁 동안 티끌 수만큼 윤회하며 지냈다.
이 몸을 금생에 제도하지 못하면
어느 생을 다시 기다려 이 몸을 제도하겠는가.

◆ **산청 대원사 천광전天光殿** ◆

새벽에 법당 종을 치면서 읊는 장염염불 가운데 일부다. 삼계는 욕계·색계·무색계의 중생 세계다. '욕계'에는 지옥, 아귀, 축생, 아수라, 인간, 6천(사천왕천, 도리천, 야마천, 도솔천, 낙변화천,

타화자재천)이 있다. '색계'는 초선천에서 제4선천까지 하늘 중생만 있다. '무색계'는 공무변처천, 식무변처천, 무소유처천, 비상비비상처천의 하늘 중생만 있다.

지옥부터 비상비비상처천까지 비록 괴로움과 즐거움이 같지는 않지만, 모두 다시 죽고 태어나는 생사윤회의 세계다. 아무리 즐거운 하늘이라도 그 업이 다하면 생사를 거듭한다. 삼계 육도는 마치 오르락내리락하는 우물의 두레박처럼 돌고 돈다.

윤회를 벗어나려면 나에 대한 집착[我執]을 내려놓고 해탈, 열반의 경지에 도달하면 된다. 또는 선근 공덕을 쌓고 일념으로 아미타 부처님을 불러서 극락에 왕생하면 된다. 극락은 윤회하는 세계가 아니다. 극락에 태어나면 평생 즐거움 속에 부처님 법을 듣고서 마침내 깨달음을 얻는다.

원효 스님 역시 안타까운 마음에 다음과 같이 경책했다.

"몇 생을 수행하지 않고 밤낮을 헛되이 보냈으며
빈 몸은 얼마를 살 줄 알고 일생을 닦지 않는가.
몸은 반드시 끝이 있는데 다음 생을 어찌할까.
급하지 아니한가. 급하지 아니한가."

_『발심수행장發心修行章』

나와 남이 일시에 불도를 이루어지이다

『석문의법』「조송주문」

願共法界諸衆生　원공법계제중생
同入彌陀大願海　동입미타대원해
盡未來際度衆生　진미래제도중생
自他一時成佛道　자타일시성불도

원컨대 시방법계 모든 중생이
아미타 부처님의 대원 바다에 함께 들어가서
미래세가 다하도록 중생을 제도하고
나와 남이 일시에 불도를 이루어지이다.

◈ 산청 법계사 극락전 ◈

새벽에 법당 종을 치면서 읊는 장엄염불 가운데 일부다. 불교에서는 상구보리上求菩提 하화중생下化衆生의 가르침 아래 다른 이를 위한 보살행이 중요하다. 스승들은 '남을 위해 기도합

시다.'라고 법문하지만, 남을 위해 기도하기보다는 자신과 가족을 위해 기도하는 사람이 많다.

그런데 불교 의식문을 보면 재미있는 부분이 있다. 자신과 가족을 위해 열심히 불보살님 명호를 부르고 절을 하며 기도하는데, 기도 마지막에는 자신도 모르게 '나와 남이 함께 불도를 이루기를' 바라는 게송을 외우면서 끝을 맺는다.

願以此功德 원이차공덕 / 普及於一切 보급어일체
我等與衆生 아등여중생 / 當生極樂國 당생극락국
同見無量壽 동견무량수 / 皆共成佛道 개공성불도

원컨대 이 공덕이 일체중생에게 널리 퍼져서
나와 모든 중생이 마땅히 극락정토에 태어나서
아미타 부처님을 같이 뵙고 모두 함께 불도를 이루어지이다.
_『염불보권문念佛普勸文』

자신도 모르게 저절로 보살행에 스며든다. 이것이 불보살님이 가르침을 전하는 자비 방편이다.

동방 유리광정토 만월세계에 있는 약사여래

『석문의범』「약사청」

東方世界名滿月　　동방세계명만월
佛號琉璃光皎潔　　불호유리광교결
頭上旋螺靑似山•　　두상선나청사산
眉間毫相••白如雪　미간호상백여설

동방의 부처님 나라는 만월이라 이름하고
부처님 명호는 유리광이고, 맑고 깨끗하다.
머리 위의 휘감긴 나발은 산같이 푸르고
미간의 백호는 눈처럼 희다.

• 似山(사산): 남양주 흥국사 주련에는 似山에서 似는 같은 자인 佀(사)로 되어 있다.

•• 毫相(호상): 남양주 흥국사 주련에는 毫相에서 相은 上(상)으로 되어 있다.

◈ 남양주 흥국사 만월보전滿月寶殿 ◈

약사여래를 찬탄하는 가영으로 사용하는 게송이다. 약사여래는 동방 유리광정토의 교주로서 약사유리광여래라 한다. 따라서 약사여래를 모신 전각을 약사전, 유리광전이라 한다. 그리고 만월세계를 이루었기에 만월보전이라 한다.

약사여래는 중생의 질병을 고쳐 주고, 재앙으로부터 구해 주고, 나아가 위없는 깨달음을 얻도록 도와주기에 대의왕불大醫王佛이라 한다. 손에 약그릇[藥盒, 藥器]을 들고 있다.

부처님 정수리는 살이 우뚝 솟아난 모습이기에 육계라고 하며, 머리카락은 오른쪽으로 감돌고 있어 소라 모양 같다고 하여 나발이라 한다. 이 머리카락은 향기롭고 색깔은 감청색을 띠고 있어 산과 같이 푸르다고 표현하였다.

두 눈썹 사이에 흰털이 있는데, 이를 백호라고 한다. 평소에는 오른쪽으로 말려 있고, 펴면 한 길 다섯 자가 된다. 여기서 나오는 빛을 호광毫光, 미간광眉間光이라 한다. 위 게송은 이 미간 백호상이 눈처럼 희다고 찬탄하고 있다.

십이대원으로 중생을 맞이하다

『석문의범』「약사청」

十二大願接群機● 십이대원접군기
一片悲心無空缺　일편비심무공결
凡夫顚倒病根深　범부전도병근심
不遇藥師罪難滅　불우약사죄난멸

십이대원으로 중생의 근기에 따라 맞이하시어
한결같은 자비심은 모자람이 전혀 없다.
범부는 전도망상으로 병의 뿌리가 깊어서
약사여래를 만나지 못하면 죄업을 소멸하기 어렵다.

● 群機(군기): 예산 화암사 주련에는 郡機(군기)로 적혀 있다. 뜻은 같다.

◆ 예산 화암사 약사전藥師殿 ◆

약사여래를 찬탄하는 게송이다. 『약사여래본원공덕경』(『약사경』)에 의하면, 약사여래는 과거 보살로서 수행할 때 십이대원十二大願을 세웠다. 이는 보살이 깨달음을 이룰 때,

① 광명이 무량한 세계를 밝게 비치게 하는 원
② 몸이 유리처럼 청정하고 광명이 나와 어두운 세계를 밝혀 주게 하는 원
③ 중생의 필요한 물품을 다 갖추게 하는 원
④ 중생이 모두 대승으로 돌아오게 하는 원
⑤ 삼취정계를 갖추어 악도에 떨어지지 않게 하는 원
⑥ 장애인의 몸이 다시 갖추어지게 하는 원
⑦ 중생에게 환난이 있으면 내 이름을 듣고 모든 고통이 없어지게 하는 원
⑧ 모든 여인이 깨달음을 얻게 하는 원
⑨ 삿된 외도에서 벗어나 정견을 얻게 하는 원
⑩ 구속이나 감옥에서 벗어나 몸과 마음에 괴로움이 없게 하는 원
⑪ 배고픔과 목마름에서 벗어나게 하는 원
⑫ 옷이 없어 고통받는 이에게 훌륭한 옷 등을 주어 만족하게 하는 원이다.

십이대원을 보면 알 수 있듯, 약사여래는 병만 다스리는 것이 아니라 의식주 등 중생의 모든 고통을 해결해 주고 결국 깨달음을 얻게 한다. 그런데 '약사여래'라고 하면 우리는 몸의 병만 떠올린다. 어쩌면 이 아픈 현실이 절실하기 때문이다. 이를 아는 부처님은 방편으로 약손을 내밀고 결국 깨달음의 길로 이끈다.

차라리 몸과 마음의 병은 증세가 있어 고치려고 할 수 있지만, 전도망상으로 일어난 병은 증세도 모른다. 오히려 망상 속에서 병의 뿌리만 더욱 깊어 간다. 약사여래는 연민하는 마음으로 약손을 내민다. 망상에서 깨어 그 손만 잡으면 되는데.

일생보처보살인 미륵보살

『석문의범』「대예참례」

煩惱斷盡福智圓　번뇌단진복지원
位極一生補處尊　위극일생보처존
寂光土中不留意　적광토중불류의
放大光明助佛化　방대광명조불화
宏施七辯*之言音　굉시칠변지언음
普化五乘**之聖衆　보화오승지성중

번뇌를 다 끊고 복덕과 지혜가 원만하며
최고 단계인 일생보처보살에 위치하신다.
적광토 가운데 머무르지 않고

● 七辯(칠변): 불보살님의 7종의 변재辯才로 모든 가르침에 걸림 없음·이해를 돕는 유창한 대답·무궁무진한 언설·어려운 질문에 명확한 답변·중생의 근기와 요구에 맞는 방편 설법·열반과 깨달음에 도움을 주는 설법·대승을 전하는 언설이다.

●● 五乘(오승): 근기에 맞게 깨달음을 얻게 하는 부처님 다섯 가지 교법을 수레에 비유한 것으로, 인승人乘·천승天乘·성문승聲聞乘·연각승緣覺乘·보살승菩薩乘이다.

큰 광명을 놓아서 부처님을 도와 교화하신다.
일곱 가지 말재주의 언어로써 널리 전하여
오승의 성중을 널리 교화하신다.

◈ 안동 유하사 용화전龍華殿 ◈

미륵보살, 미륵 부처님을 찬탄하는 게송이다. 「대예참례」에는 뒤 2구가 앞 4구보다 먼저이고, 뒤 2구는 「미륵청」에서도 볼 수 있다.

미륵은 범어로 Maitreya다. 자비, 우정이라는 뜻의 '자慈'로 번역하여 미륵보살을 자씨慈氏보살이라 한다. 일생보처一生補處보살로 현재 도솔천[知足天]에 있다.

일생보처보살은 한 번 더 생을 받고서 성불하여 이전 부처님 일을 돕는 보살로서 보살 최고 단계다. 그러므로 미륵보살은 56억 7천만 년이 지나서 이 땅 사바세계에 한 번 더 태어나 용화수 아래에서 성불하여 미륵 부처님이 된다.

미륵 부처님은 법신 부처님의 세계인 적광토에 머무르지 않는다. 화신불로서 지혜와 자비 광명으로 석가모니 부처님의 일을 도와 중생을 교화하는데, 중생의 근기에 맞는 다양한 말재주와 가르침을 통해 해탈과 깨달음으로 이끈다.

56억 7천만 년 후 오는 미륵 부처님

—

『석문의범』「대예참례」|「미륵청」

煩惱斷盡福智圓	번뇌단진복지원
位極一生補處尊	위극일생보처존
高居兜率許躋攀	고거도솔허제반
遠嗣*龍華遭遇難	원사용화조우난
白玉毫輝玄法界	백옥호휘현법계
紫金儀相化塵寰	자금의상화진환

번뇌를 다 끊고 복덕과 지혜가 원만하며

최고 단계인 일생보처보살에 위치하시다.

도솔천에 높이 있으면서 오르도록 허락하시니,

멀리 계승할 용화세계에서는 만나기 어렵다.

백옥의 백호는 아득한 법계를 비추고

자마금색의 모습으로 티끌처럼 많은 세계를 교화하신다.

- 嗣(사): 嗣(사: 잇다) 대신에 俟(사), 竢(사: 기다리다)를 쓰기도 한다.

◆ 서울 봉은사 미륵전彌勒殿 ◆

앞 2구는 『석문의범』「대예참례」의 예경문 게송이고, 뒤 4구는 같은 책「대예참례」,「미륵청」의 예경문 게송이다.

미륵보살은 현재 도솔천에 있다가 56억 7천만 년 후 이 땅에 태어난다. 왜 56억 7천만 년 후인가? 미륵보살은 도솔천에서 수명이 다한 후 이 땅에 태어난다고 한다. 도솔천의 하루는 인간 세계 400년이고, 도솔천에서의 수명은 4,000년이다. 도솔천 수명을 인간 세계의 햇수로 계산하면, (도솔천 수명 4,000년)(인간 400년/도솔천 1일)(30일/1개월)(12개월/1년)=5억 7천 6백만 세다.

그런데 경전마다 56억 7천만 년, 57억 6백만 년, 56억 년, 5억 76만 년 등 다양하다. 경전이 전해진 지역마다 숫자 단위나 셈법이 다르기 때문인 듯하다. 마치 우리나라의 10리理가 일본에서는 1리이고, 지역이나 물건에 따라 1근이 600g이나 400g인 것처럼 말이다.

그렇게 먼 훗날 이 땅에 오는 미륵보살은 용화수 밑에서 성불한다. 이후 미륵 부처님은 앞 석가모니 부처님의 일을 이어받아 용화세계를 열고 중생을 제도한다. 그런데 용화세계는 까마득한 미래로, 멀고도 멀다. 따라서 중생은 도솔천에 미리 올라가 미륵보살의 설법을 듣고자 하며, 미륵보살 역시 자비로운 마음으로 맞이해 준다. 그리고 미래에 오는 미륵 부처님은 지혜와 자비 광명으로 온 세상을 비추며 이 땅의 중생을 교화한다.

오늘 잠시 인간 세계에 온 미륵보살

『석문의범』「미륵청」

六時*說法無休息　육시설법무휴식
三會度人非等閒　삼회도인비등한
切念勞生沈五濁**　절념로생침오탁
今宵略暫到人間　금소약잠도인간

어느 때나 설법하는데 휴식이 없고
용화삼회龍華三會로 중생을 제도함에 소홀함이 없으시다.
오탁에 빠진 고달픈 중생을 간절히 생각하여
오늘 잠시 제도하고자 인간 세상에 오신다.

- 六時(육시): 하루를 낮 세 때[晝三時], 밤 세 때[夜三時]로 나눈 여섯 때.
- 五濁(오탁): 말세에 발생하는 피하기 어려운 다섯 가지 부정. 오탁이 가득한 세상을 오탁악세五濁惡世라 한다.
  ① 겁탁劫濁: 전염병, 기근 등의 천재지변이나 전쟁 등으로 인한 재해가 많은 시대의 더러움.
  ② 견탁見濁: 그릇되고 악하고 바르지 못한 견해, 사상, 주의 주장의 혼탁.
  ③ 번뇌탁煩惱濁: 탐욕과 분노 등의 여러 정신적 악덕이 널리 퍼져 있다.
  ④ 중생탁衆生濁: 중생의 몸과 마음이 모두 혼탁하다. 도덕을 무시하며 나쁜 결과를 두려워하지 않고 온갖 악한 행위를 행한다.
  ⑤ 명탁命濁: 인간의 수명이 짧아짐.

◆ 수원 봉녕사 용화각 龍華閣 ◆

미륵보살, 미륵 부처님을 찬탄하는 게송이다. 미륵보살은 현재 도솔천에서 중생을 제도하고, 56억 7천만 년 뒤에 이 땅에서 성불한다. 이후 3회 설법[龍華三會]으로 각각 96억·94억·92억 중생을 제도하는데, 이에 미륵신앙은 '미륵상생신앙'과 '미륵하생신앙'이 있다.

미륵상생신앙은 미리 도솔천에 태어나고자 하는 신앙이다. 미륵 부처님이 이 땅에 올 날은 너무도 먼 미래이기에, 공덕을 쌓아 미리 도솔천에 올라가서 미륵보살 곁에 있다가 이후 미륵보살과 함께 이 땅에 내려와 용화삼회에 자리하고자 한다.

미륵하생신앙은 '56억 7천만 년'이란 단지 숫자에 불과하므로 지금 당장 이 땅에 오기를 바라는 신앙이다. 간절한 마음에 불상이나 부처님의 모습을 닮은 바위를 보면 미륵탱이, 미륵불이라고 했고, 궁예 등 위정자는 자칭 타칭 미륵이라 하였다.

천 개의 해가 삼천대천세계를 비추듯이

—

『화엄경』「비로자나품」| 『작법귀감作法龜鑑』「분수작법」

世尊坐道場　　세존좌도량
淸淨大光明　　청정대광명
比如●千日出　　비여천일출
照耀●●大千界●●●　조요대천계

세존께서 도량에 앉아 계시니
부처님의 청정한 대광명은
천 개의 해가 떠서
삼천대천세계를 밝게 비추는 것과 같다.

● 比如(비여): 比如 대신 比於(비어)도 보인다.
●● 照耀(조요): 照耀 대신 照曠(조광)도 보인다.
●●● 比如千日出 照耀大千界(비여천일출 조요대천계): 『화엄경』「비로자나품」에는 '譬如千日出 普照虛空界(비여천일출 보조허공계)'이다.

◆ 해남 대둔사 천불전千佛殿 ◆

『작법귀감』「분수작법(향을 피우며 수행하는 작법)」좌불게坐佛偈, 『석문의범』「이운편」좌불게,『화엄경』「비로자나품」에서 부처님을 찬탄한 게송 중 일부다.

최초 겁에 첫 부처님, 일체공덕산수미승운 부처님[一切功德山須彌勝雲佛]이 도량의 큰 연꽃 속에 출현하였다. 온갖 도량마다 나아가는데 끝없는 묘한 빛깔이 청정하였다. 끝없는 화신 부처님이 그 몸에서 나오니 가지각색 빛깔이 세계에 가득하였다. 이때 부처님의 광명으로 가르침을 얻은 대위광태자가 부처님을 게송으로 찬탄하였다.

천불전에는 천 분의 부처님을 모신다. '천千'은 딱 떨어진 천이 아니라 많다는 뜻이다. 천 분 조금 넘는 부처님을 모신 천불전도 있으며 삼천 분이나 만 분을 모신 삼천불전, 만불전도 있다. '끝없는 화신 부처님이 그 몸에서 나오니'라고 하였듯, 천불전 부처님은 중생의 근기에 맞게 나타난 화신 부처님이다.

어느 절은 과거 천불, 어느 절은 현재 천불, 어느 절은 미래 천불이라는 이야기가 있는데, 이는 단지 대중에게 쉽고 재미있게 전하고자 만든 이야기이다. 과거에도 수많은 부처님이 출현하였고, 현재에도 수많은 부처님이 출현하고, 미래에도 수많은 부처님이 출현한다. 어느 절이든 과거, 현재, 미래에 출현하는 수많은 부처님을 상징한다.

천불전에 들어설 때 첫눈에 마주치는 부처님과 인연이 있다는 절집 이야기가 있다.

중생을 위해 천 분의 부처님이 나타나다

—

『석문의범』「다비편」

法身遍滿百億界　법신변만백억계
普放金色照人天　보방금색조인천
應物現形潭底月　응물현형담저월
體圓正坐寶蓮臺　체원정좌보련대

법신은 백억 세계에 두루 가득하여
금빛을 널리 놓아 인간과 하늘에 비추신다.
중생에게 응하여 화현한 모습은 연못에 비친 달과 같고
원만한 법신은 보련대에 정좌하고 계신다.

◈ **곡성 태안사 천불전** ◈

다비식 마지막, 또는 49재 등 재를 지낼 때 관욕식(영가를 목욕시키는 의식)에서 읊는 게송이다.

　법신불은 진리 그 자체의 부처님으로 온 세상에 두루하

며, 모든 세계에 지혜 광명을 비춘다. 그런데 지혜 광명을 알아차리지 못한 중생을 위해 천백억 화신으로 나타난다.

하늘의 달이 법신불이라면 연못마다 비치는 달은 화신불이다. 연못마다 달이 각각 나타나지만 하늘에는 하나의 달이 자리를 지킨다. 마찬가지로 수많은 화신불이 중생에게 나타나지만, 법신불은 진리의 자리에 그대로 있다.

佛身充滿於法界　불신충만어법계
普現一切衆生前　보현일체중생전
隨緣赴感靡不周　수연부감미부주
而恒處此菩提座　이항처차보리좌

부처님 몸은 온 세계에 가득하여
모든 중생 앞에 두루 나타나신다.
인연에 따라 나아가서 두루하지 않음이 없지만
여기 보리좌에 항상 앉아 계신다.
_『화엄경』「여래현상품」

천불전 중앙에 법신불 또는 석가모니불을 모신다. 법신불은 모든 부처님의 근본 부처님이기 때문이고, 석가모니불을 통해 이 땅의 중생이 불교를 알게 되었기 때문이다.

삼천배는 어렵지 않다. 천불전에서 삼배를 올리면 천 분의 부처님에게 삼배를 올렸으니 합하여 삼천배이다.

제3장.

보살님이 중심인 법당

보타락가산에 있는 관음보살

『석문의범』「관음예문」

寶陀山*上琉璃界 보타산상유리계
正法明王觀世音** 정법명왕관세음
影入三途利有情 영입삼도이유정
形***分六道曾無息 형분육도증무식

보타산 위, 유리세계에 계시는
정법명왕여래이신 관세음보살님.
여러 모습으로 삼악도에 들어가 유정을 이롭게 하고
여러 응신을 육도에 나타내니 일찍이 쉼이 없으시다.

● 寶陀山(보타산): 보타락가산의 준말. 보산寶山, 낙가산洛伽山이라고도 한다. 소화수小花樹, 소백화小白花, 해도海島, 광명光明 등으로 번역한다. 경전에 의하면 바다와 관련된 지역이다 보니 관음도량은 바닷가, 혹은 물과 관련된 곳이 많다. 양양 낙산사 홍련암, 강화 낙가산 보문사, 남해 금산 보리암, 여수 향일암은 우리나라 4대 관음도량이다.

●● 正法明王觀世音(정법명왕관세음): 正法明王觀世音에서 觀世音 대신 觀自在(관자재)도 보인다.

●●● 形(형): 影(영), 形(형)은 모두 형상·모습의 뜻이다. 불보살님은 중생의 근기에 응하여 다양한 모습[應身]으로 나타난다.

◆ 안성 칠장사 원통전圓通殿 ◆

원통전, 보타전 등에 있는 관음보살을 찬탄하는 게송이다. 관음보살은 관세음觀世音보살, 관자재觀自在보살이라 하며, 관음여래라고도 한다. 『천수천안관세음보살대비심다라니경』에 의하면 관음보살은 이미 오래전에 성불한 정법명왕여래인데, 대비 원력으로 중생을 제도하기 위해 현재 보살로 내려왔다.

현재 관세음보살은 유리(칠보 중 하나)로 장엄한 세계인 보타락가산에 머문다. 보타락가산을 주처住處 삼아 여러 모습으로 삼악도(지옥·아귀·축생)에 들어가서 중생을 이롭게 하고, 육도에 자유자재하게 다양한 응신應身(분신)을 나타내어 중생을 제도함에 쉼이 없다.

관세음보살은 원만하여 통하지 않음이 없으므로 원통대사圓通大師라고 한다. 이는 『능엄경』의 이근원통耳根圓通에서 유래하였다. 관세음보살은 이근원통으로 삼매를 얻고 깨달음을 이루었다. 이근耳根으로 소리뿐만 아니라 세상의 모든 것을 살펴보기에 이근원통이다. 중생의 음성을 살펴 해탈을 얻게 하고, 중생의 이근이 총명하여 소리로써 중생을 진리의 세계로 이끌기에 이근원통이다.

영락으로 장식하고 백의의 모습이다

—

『석문의범』「관음예문」

因修十善三祇滿　　인수십선삼지만
果修*千華百福嚴　　과수천화백복엄
逈寶山王**碧海間　　형보산왕벽해간
佩珠瓔珞白衣相　　패주영락백의상

인위因位 때 십선을 닦으며 삼 아승기겁을 채우니
과위果位를 수많은 수행의 꽃과 복으로 장엄하셨다.
푸른 바다 가운데 빛나는 보타락가산에서
패주 영락으로 장엄하고 백의의 모습이시다.

- 　果修(과수): 果修의 修 대신 脩(수: 닦다), 秀(수: 빼어나다. 꽃피다)도 보인다.
- ● 　寶山王(보산왕): 보타락가산을 말하며(『백의해白衣解』), 보타락가산의 왕인 관음보살로도 풀이한다. 그런데 수미산을 수미산왕으로 표현하듯, 크고 웅장한 경우에 왕이라 표현하기도 한다.

◆ 보은 법주사 원통보전圓通寶殿 ◆

보살이 수행하는 동안의 지위를 '인위因位', 그때의 수행을 '인행因行'이라 하는데 그 수행 기간은 보통 삼 아승기겁이다. 이후 수행하여 이룬 부처님의 지위를 '과위果位', '불과佛果'라고 칭한다.

관음보살은 이미 오래전에 삼 아승기겁을 수행하여 정법명왕여래라는 부처님이 되었다. 게송에서 '삼 아승기겁을 채웠다.'라는 말은 부처님이 되었다는 말이다. 그래서 관음여래라고도 한다.

과위에 이르면 수많은 수행의 꽃과 복으로 장엄한다. '천화千華'는 인행을 비유하며, 여기서 '천', '백'은 많다는 뜻이다. 육바라밀 등 수행으로 불과의 덕을 장엄하는데 이는 마치 수많은 꽃의 향기와 같다. 그리하여 부처님은 수많은 복덕을 갖추었다.

관음여래는 수많은 중생을 제도하기 위해 관음보살로 우리에게 왔다. 이미 부처님이기에 관음보살이 머무는 보타락가산은 물론 당신의 모습 또한 장엄하다. 푸른 바다에 빛나는 보타락가산은 관음보살의 의보依報이고, 패주 영락으로 장엄한 백의白衣의 모습은 정보正報이다.

앞선 행위(업)로 과보를 받는데, 과보에는 정보와 의보가 있다. 과보를 받는 주체를 '정보'라 하고, 그 주체가 의지하는 국토를 '의보'라 한다. 가령 전생의 업으로 태어난 이 모습은 정보이고, 태어난 이 땅은 의보다.

법주사 원통보전에는 열두 개의 기둥에 각각 주련이 있다. 앞서 페이지에서 언급한 '보타산상유리계寶陀山上琉璃界' 게송, 방금 언급한 '인수십선삼지만因修十善三祗滿' 게송에 이어서 다음 게송이 있다.

   無量光中化佛多 무량광중화불다
   仰瞻皆是阿彌陀 앙첨개시아미타
   應身各挺黃金相 응신각정황금상
   寶髻都旋碧玉螺 보계도선벽옥라

   무량한 빛 가운데 나툰 부처님이 많은데
   우러러 바라보니 모두 아미타 부처님이시다.
   응하여 나툰 몸은 각각 빼어난 황금상이고
   보계는 모두 푸른 옥빛의 나발로 휘감아 돈다.

이 게송은 아미타 부처님을 찬탄하는 주련에서 이미 살펴보았다. 극락전에는 아미타 부처님을 본존으로 하여 좌우로 관세음보살과 대세지보살이 자리한다. 정토 경전을 보면

서방 극락에 있는 아미타 부처님 좌우로 두 보살이 함께한다.

『관세음보살왕생정토본연경』에 의하면 수많은 전생 가운데 아미타 부처님은 어머니였고, 관세음보살은 형, 대세지보살은 동생이었다. 그 외 여러 인연으로 세 분은 현재 극락정토에 함께 있다. 세 분은 극락에 왕생하는 중생을 맞이하기도 하고, 중생을 제도하기 위해 사바세계에 오기도 한다.

『관세음보살수기경』에 의하면 아미타 부처님이 열반하고 난 뒤 아미타 부처님의 가르침이 다하면, 관세음보살은 서방 정토에서 부처님이 되어 보광공덕산왕여래라 한다. 그리고 보광공덕산왕여래 열반 후 대세지보살이 그 뒤를 잇는다.

관음은 범어로는 Avalokiteśvara다. 이를 어떤 어원으로 분석하는가에 따라 관세음, 관자재로 풀이한다. 세간의 소리를 다 살펴본다는 뜻으로 '관세음보살', 지혜로 살펴보고서 자재로운 묘한 결과를 얻은 이, 또는 살펴보는 것이 자재하다는 뜻으로 '관자재보살'이다. 이를 줄여서 관음보살이다.

혹은 당시 당나라 왕(이세민)의 이름자를 쓸 수 없어 관음이라 번역했다고도 한다. 옛날에는 왕의 이름자를 백성이 함부로 사용할 수 없었다. 이 때문에 조선의 왕은 백성을 위해 이도李祹(세종), 이산李祘(정조) 등 외자로 이름하고, 잘 사용하지 않은 한자 이름을 이용했다.

관세음보살을 부르니 감로수를 뿌려 준다

—

『석문의범』「상주권공」

觀音菩薩大醫王　관음보살대의왕
甘露瓶中法水香　감로병중법수향
灑濯魔雲生瑞氣　쇄탁마운생서기
消除熱惱獲淸凉　소제열뇌획청량

관음보살은 대의왕이시다.
감로병에 있는 법수가 향기롭다.
마의 구름을 씻어 내어 상서로운 기운이 생기고
끓는 번뇌를 없애 주어 청량함을 얻게 한다.

◈ **대구 파계사 원통전** ◈

불교 의식에서 도량을 청정하게 하는 의미로 읊는 게송으로, 쇄수게灑水偈라고 한다. 쇄수는 정화하기 위해 쓰이는 향수, 또는 그러한 향수를 뿌려서 정화하는 의식이다.

관음보살은 큰 의왕이다. 응병여약應病與藥, 병에 맞게 약을 주는 것처럼 중생의 이해와 요구에 따라 관음보살은 33응신(혹은 32응신)의 다양한 모습으로 제도한다. '33', '32'는 많다는 뜻으로, 부처님·하늘신·부녀자·어린아이 등의 33응신이 있다. 또는 양류관음·용두관음·백의관음·쇄수관음 등 33관음보살의 모습으로 여러 방편을 쓴다. 그 중 쇄수관음灑水觀音은 왼손에 발우(감로병)를 들고 오른손에는 버드나무 가지를 쥐고 있다.

감로병에는 감로수甘露水가 있으며, 버들가지로 감로수를 뿌려서 중생이 청량함을 얻게 한다. 이 감로수는 괴로움을 없애고 즐거움을 얻게[離苦得樂] 하는 법수法水다. 중생에게 감로수를 뿌려 모든 마魔와 번뇌를 없애 좋은 기운이 생기고 청정하게 해 준다. 감로수는 관세음보살의 자비심이고, 감로수를 뿌리는 것은 관세음보살의 가피이다.

남순동자가 관음보살의 법문을 듣다

『석문의범』「관음청」

白衣觀音無說說　백의관음무설설
南巡童子不聞聞　남순동자불문문
甁上綠楊三際夏　병상녹양삼제하
巖前翠竹十方春　암전취죽시방춘

백의관음은 말함 없이 말씀하시고
남순동자는 들음 없이 듣는다.
감로병 위 푸른 버들은 언제나 여름이고
바위 앞의 푸른 대숲은 온 누리가 봄이다.

◆ 양양 낙산사 홍련암紅蓮庵 ◆

관음보살을 찬탄하는 가영으로 사용하는 게송이다. 관음 탱화에서 이 게송을 그림으로 볼 수 있다. 관음보살은 파도치는 해안가 절벽에 앉아 있고, 아래에는 남순동자가 무릎을 꿇고

법문을 청하고 있다. 바로 옆에는 버들가지가 꽂힌 감로병이 있으며, 주위에는 대나무가 자라고 있다.

불보살님의 모든 행은 법문이다. 굳이 말씀을 통한 설법만이 법문인 것은 아니다. 따라서 불보살님의 행을 보고 깨우친다면 설법을 알아들은 것이다. 이것이 '백의관음무설설白衣觀音無說說 남순동자불문문南巡童子不聞聞'이자 '이심전심', 마음에서 마음에 전하는 법문이다.

남순동자는 선재동자의 별명이다.『화엄경』「입법계품」의 주인공으로 남쪽으로 순례하며 53명의 선지식을 만나 가르침을 받는다. 남쪽으로 순례하므로 남순동자南巡童子라고 한다. 그리고 선재동자가 태어날 당시, 태 속에 있을 때나 태어나서나 집안에 재산이 저절로 생겨났다고 해서 지은 이름이 선재善財다.

선지식善知識은 불법으로 나아가게 하는 훌륭한 스승, 훌륭한 벗을 말한다. 선재동자가 만난 선지식 가운데 한 분이 바로 관음보살이다. 선재동자가 관음보살에게 가르침을 구하자, 관음보살은 대비행大悲行에 입각해서 가르침을 주었다. 이 인연으로 관음전에는 관음보살 보처로 선재동자가 자리한다.

관음보살의 말 없는 법문 속에 관음보살의 대자대비심은 항상[三際: 과거, 현재, 미래] 온 누리[十方]에 가득하다.

관세음보살은 바로 곁에 있다

『석문의범』「관음찬」

一葉紅蓮在海中	일엽홍련재해중
碧波深處現神通	벽파심처현신통
昨夜寶陀觀自在	작야보타관자재
今日●降赴道場中	금일강부도량중

한 떨기 붉은 연꽃은 바다 가운데 떠 있는데
푸른 물결 깊은 곳에 신통으로 나타나셨다.
어젯밤 보타산에 있었던 관자재보살께서
오늘 아침 도량 안에 강림하셨다.

● 今日(금일): 今日 대신 今朝(금조: 오늘 아침)도 보인다.

◆ 여수 향일암 관음전 ◆

중국 당송 팔대가 중 한 사람인 소동파의 여동생 소소매가 지은 게송으로 전해진다. 관음전에서 예경을 드릴 때 읊는다. 관세음보살은 보타산과 극락세계에 있으면서 이 땅에도 나툰다. 중생의 현생은 물론 내생까지 함께한다.

'관세음보살' 하고 부르는 순간, 관세음보살은 바로 여기에 함께한다. 어젯밤 보타산에 있었던 관세음보살이 오늘 무슨 이유로 내가 있는 이 자리에 모습을 드러냈을까? 나의 간절한 바람과 노력에 힘입어 응원해 주려고 왔을까, 아니면 잘못 행동하고 있는 나를 경책하려고 왔을까.

관세음보살은 중생의 사연과 업에 따라 다양한 모습으로 중생을 구제하고자 온다. 그런데 그러한 모습이 관세음보살인 줄 알 수 있는 능력이 내게 있을까? 관세음보살은 나와 함께하는데, 내가 알아볼 수 있는 안목이 없어서 순간마다 관세음보살을 놓치거나 심지어 무시하며 사는 것은 아닐까.

양치질을 정성스럽게 하며 다짐한다.

"내 눈앞에 계실지 모르는 보살님을 못 알아보고 욕하고 부정적으로 얘기하는 등의 어리석은 말을 하지 않겠습니다."

세수하면서 다짐한다.

"내 눈앞에 계실지 모르는 보살님을 못 알아보고 나의 어리석은 눈으로 비교하고 나의 잣대로 좋아하고 싫어하는 어리석은 행동을 하지 않겠습니다."

관세음보살이 이 도량에 강림함을 자각하며 사는 사람이 얼마나 있을까? 나의 주위 사람이 바로 관세음보살인데 말이다.

…보살 관세음 보살 관세음…

—

『법화경』「관세음보살보문품」

具足神通力　구족신통력
廣修智方便　광수지방편
十方諸國土　시방제국토
無刹不顯身　무찰불현신

신통력을 갖추고
지혜 방편 널리 닦고
시방 모든 국토에
몸을 나타내지 않은 곳이 없으시다.

◈ 순천 송광사 관음전 ◈

『법화경』의 게송이다. 불교 의식집에도 실려 있다. 관세음보살을 부르며 기도할 때 마무리하며 읊는 게송이다. 관세음보살 명호를 반복하여 부르다 보면 이렇게 들린다.

"…보살 관세음 보살 관세음 보살 관세음…"
문득 이런 생각이 든다.
'관세음보살은 모든 신통력을 갖추고 지혜로운 방편을 닦기 위해 얼마나 치열하게 수행했을까?'

비유하자면 훌륭한 의사가 한 명 있으면 그로 인해 많은 사람이 목숨을 구하고 질병의 고통에서 벗어난다. 그렇기에 우리는 병에 걸렸을 때 사방으로 명의를 찾는다. 그런데 그 의사가 어느 한순간에 훌륭해진 것은 아니다. 피나는 노력의 결과이다.

관세음보살도 마찬가지다. 관세음보살은 수많은 세월 동안 부처님을 모시고 원력을 세워 수행하였다. 그 공덕으로 때와 장소를 가리지 않고 중생을 구제하는 힘을 갖추었다. 관세음보살이 구원해 준다고 우리는 관세음보살 명호를 수없이 부른다.

내 모습을 본다. 나는 내가 원하는 것을 위해 어떻게 원(목표)을 세우고 그 원이 이루어지도록 얼마나 노력했는가. 어떤 사람이 말하였다.

"취미 삼아 놀면서 어떤 일을 십 년 했더니 나도 모르게 그 분야의 전문가가 돼 있더라. 거기에 자신감을 얻어서 지금 새로운 일에 도전하고 있어. 정말 해 보고 싶은 일이었는데 자신이 없어서 시작하지 못했던 일을 말이야!"

관세음보살처럼 큰 원은 아니어도 내가 하고 싶은 일을 원으로 세워서 하루하루 그것에 맞게 실천해 나간다면, 어느 순간 나도 예전과는 다르게 아름다운 모습으로 성장해 있지 않을까.

지장보살의 위신력은 말로 다할 수 없다

『지장보살본원경地藏菩薩本願經』「견문이익품」

地藏●大聖威神力　지장대성위신력
恒河沙劫●●說難盡　항하사겁설난진
見聞瞻禮一念間　견문첨례일념간
利益人天無量事　이익인천무량사

지장보살 대성인의 위신력은
갠지스강 모래알 수의 겁 동안 말해도 다하기 어렵다.
보고 듣고 우러러 예배하는 한순간에도
인간과 하늘에 이익되는 일이 무량하다.

● 地藏(지장): '地'는 대지, '藏'은 태胎나 자궁을 말한다. 즉 '지장'은 아기를 잉태한 모태처럼 만물을 기르는 힘을 땅에 비유하여 보살의 덕을 나타낸다. 또는 마치 땅[地]과 같이 무수한 선근善根 종자를 품고[藏] 있으므로 지장이다.

●● 恒河沙劫(항하사겁): 갠지스강 모래알 수의 겁을 가리키며, '오랜 세월'을 뜻한다. 갠지스강을 강가라 하며, 강가를 항하로 번역하였다.

◆ 서울 진관사 명부전冥府殿 ◆

『석문의범』 등에서 지장보살에게 예배하며 찬탄하는 게송이다. 지장보살은 '지옥에 한 중생이라도 있으면 결코 부처님이 되지 않으리라.' 맹세하였다고 한다. 그런데 지장보살은 지옥뿐만 아니라 육도 중생을 제도하겠다고 헤아릴 수 없는 겁 이전부터 발원하였다. 석가모니 부처님은 지장보살에게 미륵 부처님이 오기 전까지 이 땅의 중생 제도를 부탁하였다. 따라서 지장보살의 위신력은 항하사겁 동안 말해도 다 말하기 어렵다.

> "지장, 지장이여. 그대의 신력은 불가사의하다. 그대의 자비는 불가사의하다. 그대의 지혜는 불가사의하다. 그대의 변재辯才는 불가사의하다. 시방의 모든 부처님이 천만겁 동안 찬탄할지라도 그대의 불가사의한 일은 다 말할 수 없다."
> _『지장보살본원경』「촉루인천품」

경전에서는 '지장보살 이름을 듣고서 합장·찬탄·예경·생각한다면', '지장보살 형상을 그리거나 만들어서 한 번 쳐다보거나 한 번 절한다면', '『지장경』의 한 글자라도 듣거나 하면' 지장보살의 위신력으로 이익되는 일이 무량하다고 한다.

지장보살의 서원은 마칠 때가 없다

『석문의범』「각배재」

地藏大聖誓願力 지장대성서원력
恒沙衆生出苦海 항사중생출고해
十殿照律地獄空 십전조율지옥공
業盡衆生放人間 업진중생방인간

지장보살 대성인의 서원력은
갠지스강 모래알 수의 중생을 고해에서 건지고
시왕전에서 조율하여 지옥을 비게 하고
업이 다한 중생을 인간에서 벗어나게 한다.

◈ **공주 마곡사 명부전** ◈

지장보살의 서원력을 찬탄한 게송이다. 지장보살은 모든 중생을 제도하기 전에는 성불하지 않겠다고 발원하고, 여러 방편으로 중생에게 다가가 제도한다.

문수보살, 보현보살, 관세음보살, 미륵보살은 중생 제도의 원을 마칠 때가 있다. 그러나 지장보살은 중생 제도의 서원을 세운 겁 수가 천백억 갠지스강 모래알 수와 같아서 마칠 때가 없다.

지장전, 명부전, 시왕전十王殿은 지장보살을 모신 전각이다. 여기서 명부란 저승이다. 다음 생에 어디로 갈지 재판을 받는 곳으로, 염라대왕을 포함하여 열 명의 왕[十王]이 재판을 진행한다. 지장보살은 그곳에서 중생을 구제한다.

지장전의 중앙 상단上壇에는 지장보살과 좌우로 도명존자道明尊者와 무독귀왕無毒鬼王, 중단中壇 좌우에는 시왕을 모신다.

도명존자의 경우, 옛날 중국에 도명 스님이 있었다. 그는 동명이인 때문에 저승사자의 착오로 명부에 갔다 왔는데, 그때 명부에서 지장보살을 보았다. 지장보살은 두건을 쓰고 영락을 두르고 석장을 들고 연꽃을 밟고 사자를 데리고 있었다. 이후 법당에 두건을 쓴 지장보살이 등장하였다.

무독귀왕은 『지장경』에서 전생에 바라문의 딸이었던 지장보살에게 지옥을 안내해 주었고, 현재는 재수보살이다.

지장보살 하면 명부(저승)와 지옥을 생각한다. 그리고 지장 신앙을 내세 신앙으로 많이 여긴다. 『지장경』에도 지옥이나 영가 천도를 언급하지만, 지장보살은 결코 내세에만 한정

되지 않는다. 경전에는 지장보살을 생각하면 현세에도 수많은 공덕이 있다고 한다. 오늘을 사는 우리도 지장보살의 가피가 필요하다.

    이에 농을 한다. 삶에 지장이 많은 사람은 지장보살을 생각하고, 지장보살에게 꼭 소원을 들어 달라고 지장을 받아 놓으라고 말이다.

석장으로 지옥문을 열다●

―

『석문의범』「대예참례」

慈仁●●積善誓救衆生　자인적선서구중생
倘切歸依奚遲感應　　당절귀의해지감응
手中金錫振開獄門●●●　수중금석진개옥문
掌上明珠光攝大千　　장상명주광섭대천
常揮慧劒斷滅罪根　　상휘혜검단멸죄근
業鏡臺前十殿調律　　업경대전십전조율

자비로 선근을 쌓고 중생 구제를 서원하셨다.
만일 간절하게 귀의하면 어찌 감응이 늦겠는가.
손에 쥔 석장으로 지옥문을 여시며

● 사찰 주련마다 해당 게송 순서가 다르거나 4구만 있기도 하다.

●● 慈仁(자인): 慈仁 대신 慈因(자인)도 보인다. 뜻은 차이가 없다. '慈因'은 자비한 인행因行으로 온갖 선행을 쌓는 보살행이고, '慈仁'은 자비행慈悲行으로 보살행이다.

●●● 獄門(옥문): 獄門은 통도사를 비롯한 사찰 주련에 玉門(옥문)으로 되어 있다. 잘못 썼거나 다른 숨은 뜻이 있는 듯하다.

손바닥 위 명주는 광명으로 대천세계를 비춘다.
항상 지혜의 검을 휘둘러서 죄의 뿌리를 끊어내고
시왕전 업경대 앞에서 중생을 위해 조율하신다.

◆ 양산 통도사 명부전 ◆

『석문의범』「대예참례」 등에 있는 다음 내용을 편집하였다.

"항상 지혜의 검을 휘둘러서 어두운 길을 밝혀 주고 죄의 뿌리를 끊어 없애 주신다. 만약 간절히 귀의하면 어찌 감응이 늦겠는가[常揮慧劍 照明陰路 斷滅罪根 倘切歸依 奚遲感應]. (…)

자비로 선근을 쌓고 중생 구하기를 서원하셨다[慈因積善 誓救衆生].

손에 쥔 석장으로 지옥의 문을 여시며[手中金錫 振開地獄之門]

손바닥 위 명주는 광명으로 대천세계를 비춘다[掌上明珠 光攝大千之界].

염라대왕 궁전에 있는 업경대 앞에서 남염부제 중생을 위해 하나하나 증명해 주는 공덕주이신 대비대원 대성

대자 본존지장왕보살마하살이시여[閻王殿上 業鏡臺前 爲
南閻浮提衆 作個證明功德主 大悲大願 大聖大慈 本尊地藏王菩薩
摩訶薩]."

지장보살에게 다가가야 응해 준다

—

『석문의범』「지장청」

掌上明珠一顆寒　　장상명주일과한
自然隨色辨來端　　자연수색변래단
幾回※提起親分付　　기회제기친분부
暗室兒孫向外看　　암실아손향외간

손바닥 위 명주 한 알은 투명하여
저절로 색에 따라 분별하여 뚜렷하다.
몇 번이고 제기하여 친히 일러 주었지만
어두운 방의 아이들은 밖을 향해 찾는다.

- 幾回(기회): 幾回에서 回 대신 廻(회)도 보인다. 같은 뜻이다.

◆ 화순 운주사 지장전地藏殿 ◆

지장보살은 한 손에는 석장, 한 손에는 명주明珠를 들고 있다. 석장은 여섯 개의 고리가 달린 육환장六環杖으로 육바라밀을 나타낸다. 명주는 마니보주로 어둠을 밝히고 흐린 물을 맑게 정화하는 보배구슬이다. 이 명주에는 다가오는 중생의 인연이 뚜렷하게 비친다. 지장보살의 마음 또한 그렇다.

지장보살은 중생의 인연을 잘 살펴 방편으로 중생을 제도한다. 그런데 중생은 곁에 와서 몇 번이고 말하는 지장보살을 알아보지 못하고, 어리석음에 엉뚱한 곳으로 마음이 향한다. 그러니 어찌 지장보살에게 다가갈 수 있겠는가.

다가오지 않은 중생에게는 지장보살의 위신력이 미칠 수 없다. 물론 그러한 중생이 있더라도 지장보살은 제도하고자 하겠지만, 결국은 중생이 작은 마음이라도 내야 한다.

불보살님이 자비심으로 중생에게 공덕을 베푸는 것을 가피라고 하며, 이때 중생은 불보살님의 가피를 받았다고 한다. 가피를 감응感應이라 한다. 감응은 일방향이 아니라 쌍방향이다.

'감感'은 중생이 불보살님에게 다가간다는 의미고, '응應'은 불보살님이 이에 응하여 다가온다는 의미다. 연못물이 맑아진 만큼[感] 달이 비치는 것[應]처럼, 중생이 부딪쳐 온 만큼

[感] 불보살님이 응해 준다[應]. 따라서 감응은 중생의 다가감[感]과 불보살의 응해 줌[應]이 서로 하나가 된다는 뜻이다.

다가가지 않는데 응해 줄 수 없다. 의사를 찾아가야 병을 알고 약을 받는다. 불보살님에게 다가가야 불보살님이 응해 준다. 작은 실천을 통해서라도 지장보살에게 다가가자.

지장보살의 교화는 어느 때 끝나겠는가

—

『석문의범』「대례청」

莫言地藏得閑遊　막언지장득한유
地獄門前淚不收　지옥문전누불수
造惡人多修善少　조악인다수선소
南方敎化幾時休　남방교화기시휴

지장보살께서 한가롭게 노니신다고 함부로 말하지 마라.
지옥의 문 앞에서 눈물 마를 날이 없다.
악을 짓는 사람은 많고 선을 닦는 사람은 적으니
남방의 교화는 어느 때 끝나겠는가.

◆ 경주 기림사 명부전 ◆

지장보살은 육도 중생을 모두 구제하기 전에는 성불하지 않겠다고 발원한 대원본존大願本尊으로, 명부에서 중생 구제를 하는 유명교주幽冥敎主이자 남방에서 중생을 교화하는 남방화주南方化主이다.

지장보살은 모든 번뇌 망상을 끊었으므로 마음에 얽매일 것이 없이 한가롭다. 그렇지만 중생을 연민하는 마음에 명부를 자주 왕래하고 지옥문 앞에서 눈물 마를 날이 없다.

성불할 선근善根이 없어 부처님 되기 힘든 중생을 일천제一闡提라 한다. 지장보살은 육도 중생을 모두 제도하기 전에는 성불하지 않겠다고 발원하였다. 그런데 악을 짓는 사람은 많고 선을 닦는 사람은 적으니, 지장보살은 언제쯤 성불할 수 있으려나. 이에 지장보살은 일천제보살, 줄여서 천제보살이다.

'지장보살은 수많은 보살과 함께 신통의 힘으로 성문의 모습을 하고 남쪽으로부터 왔다.'● 라는 말을 남방화주 지장보살과 연결한다. 남방을 우리가 사는 남섬부주로 보기도 한다. 그러나 지장보살의 교화 지역은 남섬부주로 한정되지 않는다. 삼천대천세계 그 이상이다. 남방을 남섬부주로 보는 것은 지장보살에 대한 우리의 간절함이 담겨 있기 때문이다.

나무 유명교주 지장보살南無 幽冥教主 地藏菩薩 (절)
나무 남방화주 지장보살南無 南方化主 地藏菩薩 (절)

● 『지장십륜경地藏十輪經』 참조.

나무 대원본존 지장보살南無 大願本尊 地藏菩薩 (절)

내가 성불해야 지장보살도 성불할 수 있는데, 지장보살을 위해서 빨리 성불해야겠다. 잘하자 우리!

시왕은 인간을 환하게 살펴본다

『석문의법』「명부전」

諸聖慈風*誰不好　　제성자풍수불호
冥王願海最無窮**　　명왕원해최무궁
五通***迅速尤難測　　오통신속우난측
明察人間瞬息中　　　명찰인간순식중

모든 성인의 자비 가풍을 그 누가 싫어하겠는가.
명왕인 염라대왕의 원력 바다는 가장 끝이 없고
다섯 신통은 신속하여 헤아리기가 더욱 어려워
순식간에 인간을 환하게 살펴보신다.

* 諸聖慈風(제성자풍): 불법문중은 자비를 근본으로 한다. 호법신장, 명부시왕 등도 마찬가지다.
** 無窮(무궁): 無窮 대신 難窮(난궁)도 있다.
*** 五通(오통): 신족통神足通, 천안통天眼通, 천이통天耳通, 타심통他心通, 숙명통宿命通의 오신통이다. 누진통漏盡通까지 합쳐 육신통이다. 누진통은 번뇌[漏]를 다 없앤[盡] 신통으로 부처님과 부처님에 버금가는 보살만 가진 신통이다.

◆ 서울 봉국사 명부전 ◆

명부전 의식에서 명부시왕冥府十王을 찬탄하는 게송이다. 죽는 순간을 사유死有, 태어나는 순간을 생유生有, 살아 있는 동안을 본유本有, 죽은 후 태어나기 전을 중유中有라 한다. 옛 인도에서는 중유 기간에 대해 1주일, 21일, 49일, 결정되지 않음 등 여러 의견이 있었다. 불교가 중국, 한국 등으로 전해지면서 여러 문화가 합하여 명부와 시왕 문화로 나타났다.

명부는 저승이다. 죽은 자는 명부에서 다음 생에 어디로 갈지 최대 열 번의 재판을 한다. 죽은 뒤 49일째 되는 날까지 7일 단위로 일곱 번, 그리고 백 일·일 년·삼 년 되는 날까지 총 열 번의 재판이다. 시왕이 각각 한 번씩 재판을 진행한다.

제5대 염라대왕은 명부를 관장하는 주신主神인 명왕冥王이다. 염라대왕의 재판에는 업경대業鏡臺가 등장하는데, 생전의 행위가 CCTV처럼 거울에 그대로 보인다. 그러나 시왕은 재판을 진행만 할 뿐 직접 판결하지 않는다. 판결은 업칭業秤, 즉 저울이 내리며 재판을 통해 작성한 서류를 저울에 올려 판결한다. 오늘날의 AI와 같다. 예나 지금이나, 이승이나 저승이나, 재판관을 믿을 수 없다는 중생의 생각이 낳은 문화가 아닌가 싶다.

큰 지혜로 보살 중 으뜸인 문수보살

祖印*恒作七佛**師　　조인항작칠불사
大智亦爲菩薩首　　　대지역위보살수
刹刹現身示無身　　　찰찰현신시무신
普令衆生超三有　　　보령중생초삼유

조사의 심인心印으로 늘 칠불의 스승이고
큰 지혜로 역시 보살 가운데 으뜸이시다.
곳곳마다 나타나는데 알아볼 수 없는 몸을 보이며
널리 중생을 삼계에서 벗어나게 하신다.

◈ **평창 상원사 문수전文殊殿** ◈

오대산 상원사 문수전 주련의 일부로, 문수보살을 찬탄하는

- 祖印(조인): 조사(스승)의 심인心印. 심인은 깨달음을 증명하는 근거가 되는 마음이다. 깨달음은 문자로 전할 수 없고, 조사의 마음으로 전한다. 마음[心] 도장[印]이다.
- ●● 七佛(칠불): 과거칠불過去七佛. 제1 비바시불, 제2 시기불, 제3 비사부불, 제4 구류손불, 제5 구나함모니불, 제6 가섭불, 제7 석가모니불.

게송이다. 문수도량인 상원사 문수전에는 양쪽으로 상투를 묶은 동자가 있다. 그가 바로 문수동자, 대지문수보살大智文殊菩薩이다.

문수는 문수사리, 문수시리의 준말이다. '문수'는 묘하다·훌륭하다, '사리'는 복덕이 많다·길상하다는 뜻이다. 묘길상妙吉祥으로 번역하며, 뛰어난 지혜 공덕을 지녔다는 뜻이다.

문수보살은 현재 부처님의 좌보처 보살이지만, 이미 깨달은 부처님이다. 따라서 문수보살은 깨달음을 전하고 인가하는 심인心印을 가졌으므로, 또는 지혜로써 성불한다는 의미에서 칠불七佛의 스승이다. 선종에서는 역대 불조佛祖를 과거 일곱 부처님부터 언급하므로 칠불의 스승이라 하였다. 그러므로 중생을 위해 온 모든 부처님의 스승이다.

문수보살은 대지大智문수보살로 불리는 만큼 큰 지혜로 보살 가운데 으뜸이다. 곳곳마다 중생의 근기에 맞추어 다양한 모습으로 나타나는데 중생은 문수보살인 줄 모른다. 그럼에도 문수보살은 중생을 삼계의 윤회에서 완전히 벗어나도록 항상 제도한다.

『화엄경』에 의하면, 문수보살은 청량산(오대산의 별칭)에 일만 권속을 거느리고 설법한다. 중국에도 우리나라에도 청량산과 오대산이 있다. 그런데 그 산만 문수도량이겠는가. 문수보살은 곳곳에 나타난다. 아상我想에 빠져 모를 뿐이다.

대지문수보살 대행보현보살

入門見文殊 입문견문수
出門見普賢 출문견보현
君心若似我 군심약사아
還得到其中 환득도기중

산문에 들어서면 문수를 보고
산문을 나서면 보현을 뵙는다.
그대의 마음이 만약 나와 같다면
돌이켜 그 중도에 도달하게 된다.

◈ **하동 쌍계사 국사암 문수전** ◈

대부분의 문수전에는 중앙에 문수보살만 있는데, 하동 쌍계사 국사암 문수전에는 문수보살과 보현보살이 함께 있다.

『화엄경』에 의하면, 문수보살과 보현보살은 비로자나 부처님의 협시脇侍 보살이다. 문수보살은 지혜, 보현보살은 실천행을 상징하므로 대지문수보살大智文殊菩薩, 대행보현보살

大行普賢菩薩이다. 간혹 문수보살은 푸른 사자, 보현보살은 흰 코끼리와 함께한다. 여기서 푸른 사자는 지혜, 흰색 코끼리는 실천을 의미한다.

문수보살과 보현보살은 별도의 보살이기도 하지만, 부처님의 두 가지 공덕을 나누어 상징한다. 부처님은 양족존兩足尊, 두 가지를 갖춘 분이다. 지혜와 자비 또는 지혜와 방편, 지혜와 복덕이다. 지혜는 문수보살로, 자비·방편·복덕은 보현보살로 나타낸다. 법당 중앙 석가모니 부처님 또는 비로자나 부처님 좌우로 문수보살과 보현보살을 모신다.

산문에 들어가서는 수행하여 지혜를 얻으니 문수보살을 보고, 산문을 나서서는 실천행을 하니 보현보살을 본다. 실천 없는 지혜는 자비가 자리 잡기 힘들고, 지혜 없는 실천은 엉뚱한 길로 향한다. 이는 결국 혼자서 고고한 척하거나 강도에게 칼을 주는 꼴이 된다. 만약 문수보살(지혜)을 보고 보현보살(실천)을 보고자 하는 마음이라면, 치우치지 않는 중도에 도달하게 된다.

전삼삼 후삼삼

『벽암록』

廓周沙界聖伽藍[●]　　확주사계성가람
滿目^{●●}文殊接話談　　만목문수접화담
言下不知開活眼^{●●●}　　언하부지개활안
廻頭只見舊山巖^{●●●●}　　회두지견구산암

항하사 세계에 두루 펼쳐진 성인의 가람이기에
눈길 닿는 곳마다 문수보살과 이야기를 나누고도
그 말씀에 당장 지혜 밝은 눈을 열 줄 몰랐다.
머리를 돌리니 전날의 산과 바위뿐이다.

● 聖伽藍(성가람): 선어록은 聖伽藍 대신 勝伽藍(승가람)도 보인다.
●● 滿目(만목): 문수사 주련에는 滿目 대신 萬目(만목)이다.
●●● 活眼(활안): 선어록에서는 活眼 대신 佛眼(불안)으로도 보인다.
●●●● 舊山巖(구산암): 선어록에서는 舊山巖 대신 翠山巖(취산암: 푸른 산과 바위), 문수사 주련에서는 舊山庵(구산암: 전날의 산과 암자)이다.

◆ 서울 문수사 문수굴文殊窟 ◆

당나라의 무착문희無着文喜(821~900) 선사가 문수보살을 만난 이야기에 당 말 명초덕겸明招德謙 스님(?~?)이 노래한 게송이다.

 무착 선사가 오대산을 유람하는 도중 황량하고 외딴곳에 이르렀다. 문수보살은 변화로 절을 만들고 노스님이 되어 선사를 맞이하여 자고 가도록 하였다. 선사에게 물었다.

"어디서 오셨습니까?"

"남방에서 왔습니다."

"남방에서 불법을 어떻게 수행합니까?"

"말법 시대의 비구가 계율을 조금 받드는 정도입니다."

"대중은 얼마나 됩니까?"

"삼백 명 또는 오백 명 정도입니다."

무착 선사가 노스님에게 물었다.

"여기서는 불법을 어떻게 수행합니까?"

"범부와 성인이 함께 있고, 용과 뱀이 뒤섞여 있습니다."

"대중은 얼마나 됩니까?"

"앞도 삼삼三三이고, 뒤도 삼삼입니다."

차를 마신 후 노스님이 유리 찻잔을 들고서 말하였다.

"남방에도 이런 물건이 있습니까?"

"없습니다."

"평소 무엇으로 차를 마십니까?"

무착 선사는 아무 말도 없었다. 그러고는 하직하고 떠나려 했다. 문수보살은 균제동자에게 문밖까지 전송해 주도록 하였다.

무착 선사는 동자에게 물었다.

"조금 전에 '앞도 삼삼, 뒤도 삼삼'이라고 말씀하셨는데, 얼마나 되는가?"

동자가 말하였다.

"대덕이여."

무착 선사가 '응' 하고 대답하자 동자는 말하였다.

"'이것'은 얼마나 됩니까?"

무착 선사는 또 물었다.

"여기가 무슨 절인가?"

동자는 금강역사 뒤를 가리켰다. 무착 선사가 머리를 돌리는 순간, 동자와 절은 보이지 않고 오로지 텅 빈 산골짜기만 있었다. 그곳을 후세에 금강굴이라 불렀다.

이 이야기에 스님들이 여러 가르침을 덧붙였다. 주련 게송은 그 가운데 하나다.

"'삼삼三三'이란 말은 곧 '만 명의 문수'다. 삼천이 셋, 삼백이 셋(이상은 '전삼'), 삼십이 셋, 삼이 셋(이상은 '후삼')이면 합하여 9,999이고, 노스님까지 더하면 만 명의 문수다."

_백파긍선白坡亘璇, 『무주경책無住警策』

흥미로운 풀이다. '만 명'이 그냥 '만 명'은 아닐 수도 있다. 그런데 선문답을 풀이한 것으로 이해해 버리면 그것은 선문답이 아니다. 각각 곰곰이 새겨 스스로 풀어야 할 화두다. 가령 풀이된 것을 보고 수학 문제를 외우다시피 공부하면 다른 문제를 풀기 힘들다. 1,700공안(화두) 가운데 1,699공안은 풀었지만 한 공안만 못 풀었다면, 1,699공안도 푼 것이 아니다. 단지 소 뒷걸음에 쥐 잡은 꼴이다. 한 공안이라도 완벽하게 사무쳐 풀었다면, 나머지 1,699공안에도 걸림이 없다.

『벽암록』에는 문수보살과 무착 선사의 선문답에 대해 다음과 같은 가르침을 주며 마무리한다.

"(설두 스님은) '우습구나, 청량산(오대산의 별칭)에는 대중이 얼마나 되느냐?'라고 했다. 설두 스님의 비웃음 속에는 칼이 있다. 이 웃음을 안다면 '앞도 삼삼, 뒤도 삼삼'이라는 뜻을 바로 알게 된다."

성 안 내는 얼굴이 참다운 공양구요

面上無嗔供養具　면상무진공양구
口裏無嗔吐妙香　구리무진토묘향
心裏無垢是眞實●　심리무구시진실
無垢無染是眞常　무구무염시진상

얼굴에 성냄 없음이 공양구고,
입안에 성냄 없음이 묘한 향이다.
마음에 티끌 없음이 진실한 마음이고,
물들지도 더럽지도 않음이 한결같은 참된 성품이다.

◈ 해남 미황사 향적당香積堂 ◈

무착 선사가 문수보살을 알아보지 못하고, 균제동자와 절이 사라지는 순간 공중에서 흘러나온 게송이다. 문수보살 게송 또는 균제동자 게송이라 한다. 누군가 번역한 다음 의역이 좋다.

- 是眞實(시진실): 是眞實 대신 是珍寶(시진보: 보물)도 보인다.

"성 안 내는 그 얼굴이 참다운 공양구요,
부드러운 말 한마디 미묘한 향이로다.
깨끗해 티 없이 진실한 마음이
언제나 한결같은 부처님 마음일세."

무착 선사는 문수보살을 보고도 알아보지 못해 안타까웠다. 이를 계기로 선사는 더욱 정진하여 마침내 깨달았다. 그리고 스님들의 공부를 돕기 위해 공양주 소임을 맡았다.

어느 해 겨울, 선사는 동지가 되어 팥죽을 쑤고 있었다. 그때 김이 무럭무럭 나는 팥죽 속에서 문수보살이 나타났다.

"무착 선사, 그동안 잘 있었소."

그 순간 선사는 주걱으로 인정사정없이 문수보살의 뺨을 때렸다. 문수보살은 깜짝 놀라며 말하였다.

"무착 선사, 자네가 그렇게나 보고 싶어 하던 문수보살이라네."

"문수는 문수고, 무착은 무착이다. 문수가 아니라 석가나 미륵이 와도 내 주걱 맛을 보리라."

문수보살은 이렇게 말하고는 사라졌다.

"내가 오랜 세월 수행해 왔어도 오늘 처음으로 괄시를 받아 보는구나. 쓴 오이는 뿌리까지 쓰고 단 참외는 꼭지까지 달더라."

제4장.

부처님 가르침이 숨 쉬는 법당

삼천대천세계에 두루한 소식

―

『석문의범』「성도재산림식」

世尊當入雪山*中　세존당입설산중
一坐不知經六年　　일좌부지경육년
因見明星云悟道　　인견명성운오도
言詮消息遍三千　　언전소식변삼천

세존께서 설산에 들어가서
한 번 앉아 6년이 지나감을 모르셨다.
샛별을 보고 도를 깨쳤다고 하시니
말씀하신 소식은 삼천대천세계에 두루하다.

* 雪山(설산): 히말라야산 능선에 늘 눈이 쌓여 있으므로 설산이다. 그런데 부처님은 눈 쌓인 곳이 아니라 따뜻한 숲에서 수행하였다. 가끔 눈을 맞으며 수행하는 모습의 그림도 있다.

◈ 밀양 표충사 팔상전八相殿 ◈

부처님이 깨달은 날을 기념하여 열리는 법회 의식인 성도재산림식成道齋山林式 때 읊는 입산게入山偈다.

팔상전은 팔상도八相圖를 모신 법당으로, 부처님의 일대기를 여덟 장면으로 나타낸 그림을 팔상도라고 한다.

① 도솔래의상兜率來儀相: 부처님의 전생인 호명보살이 이 땅에 태어나기 위해 도솔천에서 흰 코끼리를 타고 내려오다.

② 비람강생상毘藍降生相: 마야 부인이 산달을 맞아 친정으로 가는 도중 룸비니 동산에서 태자를 낳다.

③ 사문유관상四門遊觀相: 싯다르타 태자가 동남서북 네 문으로 나가 각각 노인, 병자, 죽은 자, 수행자의 모습을 보고 출가를 결심하다.

④ 유성출가상踰城出家相: 성을 넘어 출가하다.

⑤ 설산수도상雪山修道相: 설산에서 6년 동안 고행하다.

⑥ 수하항마상樹下降魔相: 보리수 밑에서 온갖 마왕의 유혹을 뿌리치고 깨달음을 얻다.

⑦ 녹원전법상鹿苑轉法相: 녹야원에서 전법을 시작하다.

⑧ 쌍림열반상雙林涅槃相: 45년 동안 전법하고 사라쌍수에서 열반하다.

지금도 영축산에서 설법하다

―

『석문의범』「관음예문례」

有山有水乘龍虎　　유산유수승용호
無是無非伴松竹　　무시무비반송죽
靈鷲*昔曾蒙授記**　영축석증몽수기
而今會在一堂中　　이금회재일당중

산이 있고 물이 있으니 용과 범을 타고
옳음도 없고 그름도 없으니 송죽을 벗하신다.
영축산에서 옛날 일찍이 수기를 받았는데
지금 한 법당에 모이셨다.

* 　靈鷲(영축): 영축산. 鷲은 '독수리 축, 취'다. 절집에는 '영취'보다는 '영축'이라 발음한다. 중인도 마가다국 왕사성 부근의 산인 기사굴산의 의역으로, 『법화경』등을 설한 장소이다.
** 　靈鷲昔曾蒙授記(영축석증몽수기): 망월사 영산전, 통도사 응진전 주련에는 '曾昔靈山蒙授記(증석령산몽수기)'이다. 뜻은 같다.

◆ 의정부 망월사 영산전靈山殿 ◆

「관음예문」 게송으로 부처님의 제자인 아라한을 찬탄한다. 영산전은 석가모니 부처님의 '영산회상靈山會上'에서 유래한다. 영산회상이란 영축산에서 열린 법회를 가리킨다. 따라서 법회 현장인 영산전에는 부처님과 좌우로 제화갈라보살과 미륵보살, 혹은 좌우로 마하가섭 존자와 아난 존자가 자리하고, 주위에는 제자인 아라한이 자리한다. 아라한을 줄여서 '나한'이라 하며, 16나한·18나한·500나한·1250나한 등 사찰마다 다르다.

아라한은 아집我執을 끊고 생사윤회를 벗어난 성인聖人이다. 분별 망상으로 인한 시비가 없고 유유자적하니 '용과 범을 타고[乘龍虎], 송죽을 벗한다[伴松竹]'.

석가모니 부처님은 아라한들에게 미래에 부처님이 된다고 기별을 주었다. 이를 수기授記라고 한다. 그리고 말세 중생을 위해 불법을 지키고 대중을 구제하라는 임무를 위임하였다. 수나라 천태天台 스님(538~597)은 '선정에 들어가 보니, 지금도 부처님께서 영산회상에서 법을 설하고 계신다.'라고 하였다. 따라서 부처님의 제자인 아라한들은 '영축산에서 옛날 일찍이 수기를 받았는데[靈鷲昔曾蒙授記], 지금 한 법당에 모이셨다[而今會在一堂中]'.

십육 나한이 부처님을 모시고 있다

『석문의범』「나한전」

青蓮座上月如生　　청련좌상월여생
三千界主釋迦尊　　삼천계주석가존
紫紺宮●中星若列　　자감궁중성약렬
十六大阿羅漢衆　　십육대아라한중

푸른 연꽃 좌대 위에 둥근달이 솟은 듯한
삼천대천세계의 주인이신 석가세존을
북극성 자감궁을 별들이 둘러싸고 있듯이
열여섯 분 대아라한이 그 곁에서 모시고 있다.

● 紫紺宮(자감궁): 북극성北極星에 있는 궁전. 북극성 궁전 주위로 북두칠성 등 여러 별이 둘러싸고 있다. 봉은사 영산전 주련에는 紫紺堂(자감당)으로 되어 있다.

◆ 서울 봉은사 영산전 ◆

『석문의범』에서 '제팔. 나한전(일명 영산전 응진전)'의 예경문으로 등장하는 게송이다. 통도사 영산전에는 팔상도가 있다. 간혹 책에서 영산전과 팔상전을 같은 법당으로 함께 설명하곤 하는데, 『석문의범』에서 언급하는 것처럼 영산전과 나한전에 모신 분은 같다.

영산전은 영축산 법회 현장을 재현한 법당이므로 부처님 주위로 제자 아라한이 함께하는데, 16나한·18나한·500나한·1250나한 등 사찰마다 다르다. 이는 나한전 역시 마찬가지다.

나한전을 응진전應眞殿이라고도 한다. 아라한은 깨달음을 얻은 성인이다. 더 배울 것이 없으므로 '무학無學', 번뇌라는 도적을 다 죽였으므로 '살적殺賊', 공양받을 만한 자격이 되므로 '응공應供', 생사 과보를 받지 않으므로 '불생不生'이다. 이러한 아라한은 진리와 상응하므로 '응진應眞'이다.

『법주기』를 보면, 석가모니 부처님은 열여섯 명의 아라한에게 열반에 들지 말고 이 세상에 머물면서 불법을 수호하고 중생을 제도하라고 당부하였다.

달이 천 강에 비치듯

—

『석문의범』「점안편」

兜率夜摩迎善逝* 도솔야마영선서

須彌**他化見如來 수미타화견여래

同時同會皆如此 동시동회개여차

月印千江不可猜 월인천강불가시

도솔천과 야마천에서 부처님을 맞이하였는데

도리천과 타화천에서도 부처님을 뵙는다.

- 善逝(선서): 부처님의 덕성을 열 가지 명호로 나타낸 여래십호如來十號 중 하나이다.
  ① 여래如來: 부처님은 진여의 세계에서 온 분.
  ② 응공應供: 응당 공양을 받을 만한 분.
  ③ 정변지正偏知: 바르고 두루 아는 분.
  ④ 명행족明行足: 지혜와 실천을 갖춘 분.
  ⑤ 선서善逝: 깨달음의 세계로 잘 간 분.
  ⑥ 세간해世間解: 세상을 잘 아는 분.
  ⑦ 무상사無上士: 더없이 높은 분.
  ⑧ 조어장부調御丈夫: 중생을 올바르게 다스리는 분.
  ⑨ 천인사天人師: 하늘과 인간의 스승이 되는 분.
  ⑩ 불세존佛世尊: 세상에서 가장 존귀한 분.
- ** 須彌(수미): 수미산을 뜻하지만, 여기서는 수미산 정상에 있는 도리천을 의미한다.

> 같은 때, 같은 모임이 모두 이와 같은데
> 달이 천 강에 비치듯 의심할 수 없다.

◆ 남양주 흥국사 영산전 ◆

부처님을 찬탄하는 게송으로 『화엄경』에 바탕을 둔다. 『화엄경』(80권)은 칠처구회七處九會 39품品으로 구성된다. 부처님은 일곱 곳[七處]에서 총 아홉 번의 법회[九會]을 베풀었다.

제1회 보리도량, 제2회 보광명전, 제3회 도리천, 제4회 야마천, 제5회 도솔천, 제6회 타화천, 제7회 보광명전, 제8회 보광명전, 제9회 중각강당이다.

이 가운데 주련과 관련된 설법 장소는 도리천, 야마천, 도솔천, 타화천이다. 이 천상의 설법을 천궁사회天宮四會라고 한다.

'천백억 화신 석가모니'처럼 부처님은 곳곳에 수많은 화신으로 나타나 중생을 위해 설법한다. 도솔천과 야마천에서 보던 부처님을 도리천과 타화자재천에서 본다. 어찌 그곳뿐이겠는가. 천 개의 강이 있으면 천 개의 달이 비치듯 부처님은 같은 때 다른 곳이라도 같은 모임으로 나툰다.

빈 배에 달빛 가득 싣고 돌아오다

『금강경오가해』

千尺絲綸直下垂　천척사륜직하수
一波纔動萬波隨　일파재동만파수
夜靜水寒魚不食　야정수한어불식
滿船空載月明歸　만선공재월명귀

긴 낚싯줄을 곧게 내리는데
한 물결이 일어나니 많은 물결이 따라 일어난다.
밤은 고요하고 물은 차서 물고기가 물지 않아
빈 배에 달빛 가득 싣고 돌아온다.

◈ **부여 무량사 영산전** ◈

새벽 종송으로 읊는 게송이다. 당나라 선자 스님의 게송이며, 송나라 야보 스님이 『금강경오가해』에서 『금강경』 「지견불생분」의 다음 구절을 풀이하는 중에 언급하였다.

"수보리야. 아뇩다라삼먁삼보리의 마음을 낸 사람은 일체법에 대하여 응당 이와 같이 알며, 이와 같이 보고, 이와 같이 믿고 깨닫되 법상法相을 내지 말아야 한다. 수보리야. 말하는바 법상은, 여래가 설하되, 곧 법상이 아니며 이름이 법상이다[所言法相者 如來說 卽非法相 是名法相]."

이 경문에 야보 스님은 '밥이 오면 입을 벌리고, 잠이 오면 눈을 감는다.'라고 하였다. 그리고 위 주련 게송을 읊었다. 게송을 보면, 참으로 자유로운 무위도인無爲道人의 모습이다.

경전 말씀은 '세상(법상)은 나의 분별로 일어난 것으로, 참으로 있는 세상(법상)이 아니다. 단지 법상이라고 이름한 것뿐이다. 그러므로 집착하지 마라.'라는 가르침이다.

아라한은 '나의 생이 이미 다했고, 범행梵行이 이미 섰으며, 할 일을 다 마쳤고, 후유後有를 받지 않음을 스스로 안다.'

이처럼 영산전의 아라한은 모든 집착을 내려놓고 모든 일을 마친 대자유인이다. 세상과 더불어 살아가지만, 세상사에 매이지 않는다. 낚싯줄을 드리웠는데 물고기가 입질조차 하지 않더라도 그것이 무슨 대수겠는가. 빈 배에 달빛 가득 채웠으면 그뿐인걸.

많이 가졌음에도 늘 부족한 시대에 산다. 욕심을 조금만 내려놓으면 행복한 삶일 텐데. 소욕지족少欲知足, 쉽지 않다.

가섭 존자가 어찌 전하겠는가

『선가귀감』

　　　古佛未生前　고불미생전
　　　凝然一相圓　응연일상원
　　　釋迦猶未會　석가유미회
　　　迦葉豈能傳　가섭기능전

옛 부처님께서 출현하시기 전부터
두렷이 한 동그라미 (○)
석가모니도 오히려 알지 못하는데
가섭 존자가 어찌 전하겠는가.

◈ **고성 옥천사 나한전**羅漢殿 ◈

"여기에 한 물건이 있는데, 본래부터 한없이 밝고 신령하여, 일찍이 나지도 않고 죽지도 않았으며, 이름 지을 수도 없고, 모양을 그릴 수도 없다.

(풀이한다.)

한 물건이란 무엇인가? ○

옛사람이 게송으로 말하였다.

'옛 부처님께서 출현하시기 전부터

두렷이 한 동그라미(○)

석가모니도 오히려 알지 못하는데

가섭 존자가 어찌 전하겠는가.'

이것이 한 물건이 나는 것도 아니요, 죽는 것도 아니며,

이름 붙일 수도 없고 모양을 그릴 수도 없는 까닭이다."

_ 서산 대사, 『선가귀감』

이처럼 위 주련은 '한 물건' 풀이 중에 등장하는 게송이다. 한 물건은 궁극의 도리, 일심一心이다. 부처님이 있든 부처님이 있지 않든 상주한다. 한 물건, 일심, 법성, 불성 등 억지로 이름 붙이지만 어떤 이름으로도 나타낼 수 없다. 어쩔 수 없이 표현하자니 동그라미 하나(○), 일원상이다.

한 물건은 전하거나 받을 수 있는 것이 아니다. 가섭 존자는 삼처전심三處傳心의 고사로 유명하다. 석가모니 부처님이 가섭 존자에게 세 곳에서 마음을 전하였다. 그런데 석가모니 부처님도 모르는 일을 가섭 존자에게 어떻게 전하였으며, 또 가섭 존자는 어떻게 전하겠는가. 이 뭘까?

아라한은 복전이다

應供福田　응공복전
恩威並行　은위병행
受囑擁護　수촉옹호
普度含靈　보도함령

아라한은 복전이니
은혜와 위신력을 함께 행하며
부처님 법 옹호를 부촉받고서
중생을 널리 제도하신다.

◆ 여주 신륵사 죽로지실竹爐之室 ◆

'응공應供'은 아라한을 말한다. 아라한은 모든 집착을 내려놓고 모든 일을 마친 성인이기에 응당 공양받을 자격이 있으므로 응공이라 한다.

공양받을 자격이 없음에도 스승을 따라 공양 자리에 가서 학이 되었다는 이야기도 존재하는데, 이후 스승의 가르침으로 학의 몸에서 벗어나게 되었다고 한다. 아라한 주위로 학이 날아다니는 벽화 가운데 그러한 이야기도 있다.

'복전福田'은 복을 자라게 하는 밭이라는 뜻이다. 불법승 삼보에 귀의하고 공양 올림으로써 복을 짓는다. 따라서 불법승 삼보는 중생의 복을 자라게 하는 밭인 복전이다. 아라한은 승보僧寶로서 중생의 복전이다.

부처님은 아라한에게 열반에 들지 말고 이 세상에 머물면서 불법을 수호하며 중생을 제도하라고 당부하였다. 그리하여 아라한은 보살행으로 말세 중생을 제도하고 있다.

전법도생으로 부처님 은혜를 갚다

『치문경훈緇門警訓』

假使頂戴*經**塵劫***　　가사정대경진겁
身爲牀座徧三千　　　　신위상좌변삼천
若不轉法度衆生　　　　약불전법도중생
畢竟無能報恩者　　　　필경무능보은자

가령 부처님을 머리에 이고 티끌 같은 많은 겁이 지나고
몸은 자리가 되어 삼천대천세계에 두루 부처님을 모셔도
불법을 전하여 중생을 제도하지 않는다면
끝내 부처님의 은혜를 갚지 못하는 자가 된다.

- 頂戴(정대): '경전을 머리에 이고'로 풀이하기도 하는데, 이 게송에서 부처님을 모시는 것과 전법도생의 대조되는 구절로 보아 부처님을 모신다는 의미로 풀이하였다.
-- 經(경): 여기서는 '경전'의 의미가 아니라 '지나다'라는 뜻이다.
--- 塵劫(진겁): 한량없는 세월.
  · 오백진점겁五百塵點劫: 오백천만억 나유타 아승기 삼천대천세계를 모두 티끌로 만들어 동방으로 오백천만억 나유타 아승기 국토를 지날 때마다 한 티끌씩 떨어뜨린다. 티끌을 떨어뜨린 국토나 그렇지 않은 국토를 모두 합하여 티끌로 만들고 그 한 티끌을 1겁으로 한다.

◆ 서울 문수사 응진전應眞殿 ◆

출가자의 필독서인 『치문경훈』 잡록에 등장하는 게송이다. 『대지도론』, 『대집경』 등에서 인용한 글이라고 하지만 위 게송 그대로 된 문장은 보이지 않는다. 『석문의범』 「조송주문」 등 새벽 종송 때 읊는 게송이다.

부처님 은혜는 헤아릴 수 없이 깊고도 넓다. 그 은혜를 갚기 위해 가령 부처님을 머리에 이고 한량없는 세월 동안 모시고, 자신의 몸이 평상이나 의자가 되어 삼천대천세계에 두루 부처님이 자리하게 하더라도, 부처님 법을 전하여 중생을 제도하지 않는다면 부처님 은혜를 갚았다 할 수 없다.

그만큼 전법도생傳法度生이 중요하다는 말이다. 재물을 나누는 재시財施, 불법을 전하는 법시法施, 상대를 위로하는 무외시無畏施 가운데 법시(법보시)를 강조하는 이유다.

경전과 함께한 공덕을 회향합니다

—

『대승기신론大乘起信論』

諸佛甚深廣大義　제불심심광대의
我今隨順總持說　아금수순총지설
回此功德如法性　회차공덕여법성
普利一切衆生界　보리일체중생계

모든 부처님의 매우 깊고 광대한 뜻을
제가 이제 분단에 따라 요약하여 설명하였으니
법성과 같은 이 공덕을 회향하여
널리 일체중생계를 이롭게 하고자 합니다.

◈ **예천 용문사 대장전大藏殿** ◈

『대승기신론』 유통분流通分에 등장하는 회향게로, 이를 인용하여 『석문의범』「대예참례」에도 나오는 게송이다.
　대장전은 경전, 경판을 모셔 놓은 전각으로, 이러한 경전은 서분序分·정종분正宗分·유통분으로 구성된다. 서분은 들어가는 말, 정종분은 본론이다. 유통분은 이 경전이 널리 유통되고 실천으로 마무리되거나 그 바람을 나타내는 부분이다.

『대승기신론』의 저자 마명 보살은 위 회향게로 유통분을 장식한다. 즉 논을 쓴 공덕을 회향한다. '회향廻向'은 여러 공덕을 다른 곳으로 돌린다는 뜻이다. 회향삼처廻向三處라고 하여, 중생·보리(깨달음)·실제實際(부처님 세계) 세 곳으로 회향한다. 각각 중생회향, 보리회향, 실제회향이다. 회향은 끝을 의미하지 않는다. 모든 공덕을 모두에게 돌려 함께 원만하게 완성하고자 새로운 시작을 다짐하는 것으로, 끝이 아니라 시작이다.

예천 용문사 대장전에는 국보인 윤장대가 있다. 윤장대를 돌리면 그 안의 경전을 읽은 공덕과 같다고 한다. 누군가는 '설마 윤장대를 돌린 것이 경전 읽는 공덕과 같을까?' 하고 의심할 수 있다.

생각해 보자. 옛날에는 책도 흔치 않았고 글 모르는 사람도 많았다. 경전을 독송하면 공덕이 있다는 법문은 그들에게 의미 없는 말이다. 지금도 비슷하다. 그런데 스님이 말하였다.

"이번 성지순례는 윤장대가 있는 모 사찰로 갑니다. 윤장대를 한 번 돌리는 공덕이 경전 한 번 독송하는 공덕과 같습니다."

경전 독송 공덕이 절실한 이가 이 말을 들었다면 그는 그날을 위해 몸과 마음을 정갈하게 하며, 그날 윤장대를 돌릴 때도 지극정성으로 돌린다. 윤장대(경전)와 하나가 된다. 일심으로 지극정성 돌린다면 알음알이로 경전을 보는 것보다는 더 뛰어나지 않을까.

중생 근기에 따라 팔만대장경이 있다

『화엄경』

佛智廣大同虛空　불지광대동허공
普徧一切衆生心　보변일체중생심
悉了世間諸妄想　실료세간제망상
不起種種異分別　불기종종이분별
一念悉知三世法　일념실지삼세법
亦了一切衆生根　역료일체중생근

부처님의 지혜는 허공과 같이 크고 넓어
모든 중생 마음에 두루하고
세간의 모든 망상을 모두 다 알지만
갖가지 다른 분별을 일으키지 않으신다.
한 생각에 삼세법을 다 알고
모든 중생의 근기 또한 잘 아신다.

◆ 서울 봉은사 판전版殿 ◆

『화엄경』「입법계품」에서 보현보살이 부처님 공덕을 찬탄하는 게송이다. 앞 4구는 『석문의범』「불상점안」에도 인용된다.

부처님의 공덕을 어떻게 말로써 다 나타낼 수 있겠는가. 그러므로 보현보살은 부처님의 공덕 바다에서 한 방울만큼 말하고자 한다면서 위 게송을 시작으로 부처님의 공덕을 찬탄한다.

부처님의 지혜는 크고 넓으므로 모든 중생 마음에 두루하다. 그리고 세간의 망상을 다 알지만, 분별을 일으키지 않는다. 한 생각에 과거·현재·미래 삼세법을 다 알고, 중생의 근기를 모두 잘 알기에 그 시대와 중생의 이해와 요구에 따라 다양한 모습, 다양한 말씀으로 중생을 제도한다.

시대가 다르고 중생의 이해와 요구가 다르니, 수많은 부처님이 함께하고 수많은 말씀이 있다. 병에 맞는 약이 필요하듯, 중생의 근기에 맞는 경전 말씀이 필요하다. 중생의 근기가 다양하니 팔만사천법문이 있고, 팔만대장경이 있다.

판전은 경판을 모신 법당이다. 봉은사 판전의 현판은 추사 김정희가 별세하기 사흘 전에 쓴 글씨로, 현판에는 '七十一果 病中作(칠십일과 병중작: 71세 된 과로가 병중에 쓴다)'이라는 글이 있다. '果' 자는 추사가 노년에 썼던 별호인 '과로果老·노과老果'의 줄임이다. 추사는 1852년 북청 유배지에서 풀려난 뒤 과천에 머물면서 봉은사를 왕래하였고, 1856년 10월 10일에 71세로 별세하였다.

육천 권 경전이 여기에 있다

남전南泉 스님 게송

四十年說何曾法　사십년설하증법
六千卷經獨此方　육천권경독차방

사십 년 동안 하신 말씀은 어떤 법문인가?
육천 권 경전이 오롯이 여기에 있다.

◈ **합천 해인사 수다라장修多羅藏** ◈

해인사 장경각 입구에는 '장경각藏經閣'과 '팔만대장경八萬大藏經' 현판이 있다. 장경각이란 경전을 찍는 경판과 경전을 모신 전각으로, 대장전이나 판전과 같은 전각이다. 이 장경각은

● 남전南泉 스님(1868~1936): 1885년 출가하여 해인사 주지를 역임하였다. 여러 스님과 함께 서울 안국동에 선학원을 세워 선풍 진작을 노력하였고, 직지사 조실을 역임하였다. 1936년 4월 28일 세수 69세, 법랍 54세를 일기로 서울 선학원에서 입적하였다.

사방에 네 개의 전각이 위치하는데, 남북의 전각에는 각각 '수다라장', '법보전法寶殿' 현판이 있다. 경전은 불법승 삼보 가운데 법보이기에 법보전이라 하고, 경經은 범어 Sūtra로 '수다라'라 음역하므로 수다라장이다.

부처님은 보리수 밑에서 깨닫고 녹야원에서 처음 법륜을 굴린 이후 쿠시나가라 사라쌍수 밑에서 열반하기까지 45년간 가르침을 펼쳤다. 팔만사천법문이다.

해인사 장경각에는 팔만대장경판(고려대장경판)이 있다. 대장경은 경·율·론 삼장三藏의 집대성으로 일체경一切經이라 한다. 경장經藏은 계율을 제외한 부처님 말씀이고, 율장律藏은 계율에 관한 부처님 말씀이다. 논장論藏은 불제자가 경장과 율장을 풀이한 글이다. 팔만은 '팔만사천'을 줄인 말로 '헤아릴 수 없이 많은 수'다. 신기하게도 고려대장경판은 그 판수가 81,258개로 팔만과 비슷하다. 앞뒤로 판각되었기에 인쇄하면 두 배가 되고, 책으로 만들면 육천 권 정도이다.

장경각의 수다라장, 법보전에는 팔만대장경판이 있고, 수다라장 중간 통로 위 다락에는 경판으로 찍은 경전이 있다. 그 통로로 지나는 순간 팔만대장경을 정대한 공덕을 짓는다.

원각도량은 생사가 있는 바로 여기다

―

남전 스님 게송

圓覺道場何處　원각도량하처
現今生死卽是　현금생사즉시

깨달음의 도량은 어디인가?
지금 생사가 있는 바로 여기다.

◆ **합천 해인사 법보전法寶殿** ◆

해인사 장경각에는 독특한 연꽃이 핀다. 수다라장 중앙 통로로 들어가는 문턱은 약간 둥근 형태인데, 이러한 둥근 형태의 문턱과 지붕 기와가 햇빛과 어우러져 중앙 통로 바닥에는 빛과 그림자로 된 한 송이 연꽃이 핀다. 참배자는 자연스럽게 연꽃을 밟으며 부처님 나라에 들어선다.

　이때 연꽃은 부처님 나라를 상징한다. 연꽃을 통해 극락으로 태어나는 것처럼, 연꽃을 통해 부처님 나라로 들어간다.

바로 여기가 부처님 나라, 극락이라는 가르침이다.

법보전 주련 게송은 그 가르침을 각인시킨다. 원각圓覺은 부처님의 원만한 깨달음이다. '원각도량圓覺道場'은 보리도량이다. 원각도량은 부처님이 깨달은 보리수 밑 또는 별도의 깨달음 세계만을 말하는 것이 아니다. '번뇌가 보리이고, 생사가 곧 열반이다[煩惱即菩提 生死即涅槃].'라는 말처럼, 지금 생사가 있는 이곳이 바로 원각도량이다.

깨달음을 이루는 곳은 특정한 곳이 아니라 지금 우리가 살아가는 이곳이라는 가르침이다. 이때 장경각 연꽃은 부처님 나라에 태어남을 나타내거나 깨달음을 상징한다. 위 게송의 가르침을 아는 순간, 바로 깨달음의 자리에 있다.

장경각 연꽃은 언제나 피는 것이 아니다. 태양이 적당한 위치에 있을 때 핀다. 태양이 너무 높거나 너무 낮아서 그림자가 짧거나 길지 않아야 한다. 바로 춘분(3월 20~21일 무렵)과 추분(9월 22~23일 무렵)을 중심으로 전후 며칠 기간이 적당하다. 그리고 시간도 3시 정도가 가장 원만한 연꽃 모양이다. 3대 이상의 덕을 쌓아야 그 연꽃을 본다는 이야기도 있다.

굳이 연꽃을 먼 곳에서 찾지 말기를.

서쪽에서 온 조사의 뜻은?

『승가예의문僧家禮儀文』「무상계게」

西來祖意最堂堂● 서래조의최당당
自淨其心性本鄕　자정기심성본향
妙體湛然無處所　묘체담연무처소
山河大地現眞光　산하대지현진광

서쪽에서 오신 조사의 뜻은 당당하기가 으뜸이다.
스스로 그 마음을 맑게 하면 성품의 본고향이다.
미묘한 체는 맑고 고요하여 어디에도 머무름이 없으니
산하대지가 참다운 빛을 드러낸다.

● 堂堂(당당): 옥천사 조사전에는 當當(당당)으로 되어 있다.

◆ 고성 옥천사 조사전祖師殿 ◆

「무상계게」에서 영가에게 무상법을 설하고 들려주는 마무리 게송이다. 무상계는 열반에 들어가는 중요한 문이고 고해苦海를 건너는 자비의 배다. 모든 부처님은 이 계로 인하여 열반에 들었고, 중생도 이 계를 의지하여 고해를 건넜다.

'조사'는 종파를 개설한 스님, 그 가르침을 이어 전한 스님을 가리킨다. 각 사찰을 지은 창건주, 절을 크게 융성시킨 중창주 등 귀감이 되는 스님도 포함한다. 스님의 수행 공덕과 위업을 본받고자 스님의 상 또는 영정을 모신 법당이 조사전, 영각影閣 등이다.

'서래조의西來祖意'는 조사서래의祖師西來意, 서래의西來意, 조의祖意라고도 한다. 여기서 조사는 6세기 초 인도에서 중국으로 건너온 선종의 초조 달마 대사이다. 즉 '달마 대사가 서역에서 온 뜻이 무엇이냐?'라는 선문답이다.

'자정기심自淨其心'은 과거 일곱 부처님이 공통되게 한 말씀인 칠불통계게七佛通戒偈의 한 구절이다.

諸惡莫作 衆善奉行 제악막작 중선봉행
自淨其心 是諸佛敎 자정기심 시제불교

모든 악한 일 짓지 말고, 모든 착한 일 받들어 행하여 스스로 그 마음을 맑게 하라. 이것이 모든 부처님 가르침이다.

이 가르침은 세 살 먹은 아이도 아는 이야기지만 여든 살 어른도 행하기 어렵다.

청산은 변함없이 겁전의 봄이다

『석문의범』「대예참례」

我人忘處超三界　아인망처초삼계
大悟眞空證法身　대오진공증법신
無影樹頭花爛漫　무영수두화난만
靑山依舊劫前春　청산의구겁전춘

아상과 인상을 잊은 자리는 삼계를 뛰어넘고
진공을 크게 깨쳐 법신을 증득하였다.
그림자 없는 나뭇가지마다 꽃이 흐드러지게 피니
청산은 변함없이 겁전의 봄이다.

◈ 서울 봉은사 영각影閣 ◈

「대예참례」에서 조사 한 명 한 명에게 지극한 마음으로 정례하며 공양을 올리는 예문 가운데 찬탄하는 게송이다.

'아상我相', '인상人相'은 나와 세상에 대한 집착이다. 집착을 내려놓으면 육도윤회의 삼계를 뛰어넘고 진공을 깨닫고 법신을 증득한다. 즉 진공묘유眞空妙有다.

'그림자 없는 나무'는 모든 집착으로 인한 분별 망상이 사라진 상태를 상징하므로 공, 진공眞空이다. 그렇다고 아무것도 없는 상태가 아니다. 법신은 모든 공덕을 간직하고 있기에 불공不空이다. 그러므로 가지마다 꽃이 흐드러지게 피니, 묘유妙有다.

청산은 옛날과 다름없이 겁전劫前(세상이 생기기 전)의 봄이니, 진공과 법신은 새롭게 증득한 경지가 아니라 불생불멸이며 본래 청정하다.

『금강경』에는 아상·인상·중생상衆生相·수자상壽者相 등 사상四相을 언급한다. 여러 해석이 있지만 이렇게 풀이해 본다. 아상은 '나'라는 생각으로 '내가 누군데?' 하는 나에 대한 집착이다. 인상은 나와 너, 즉 각각의 개인을 구별하는 생각으로 '네가 뭘 알아, 내가 해 보니 아는데.' 하며 자신을 내세우고 남을 무시하는 차별 의식이다. 중생상은 중생이라는 생각, 중생에 불과하다는 생각으로 '내 주제에 뭐. 내가 뭘 할 수 있을까, 진짜 별 볼 일 없어.' 하는 열등 의식이다. 수자상은 나이에 대한 편협한 생각으로 '너 몇 살이야. 감히 누구 앞에 버릇도 없이.' 하며 나이를 내세우거나 '벌써 이 나이가 되었구나.' 하며 나이 먹는 데에 대한 한계 의식이다.

이런저런 집착을 내려놓고 겁전의 봄을 맞이하자.

제5장.

이 땅의 신앙이 살아 있는 법당

칠성이 목숨을 연장해 주다

『석문의범』「칠성청」

靈通廣大慧鑑明　　영통광대혜감명
住在空中映無方●　　주재공중영무방
羅列碧天臨刹土　　나열벽천임찰토
周天人世●●壽算長　주천인세수산장

신통력은 광대하고 지혜는 거울처럼 밝으니
공중에 머물며 비추지 않은 곳이 없으시다.
푸른 하늘에 늘어서서 국토에 임하고
하늘과 인간 세상에 두루 미쳐 목숨을 연장해 주신다.

● 　無方(무방): 無方 대신 萬方(만방)으로 된 주련도 있다.
●● 　周天人世(주천인세): 周天人世 대신 周昭人世(주소인세: 인간 세상 두루 비춰)로 된 주련도 있다.

◆ **천안 각원사 칠성전七星殿** ◆

칠성七星을 찬탄한 게송이다. 칠성 신앙의 주불은 치성광여래 熾盛光如來이며, 금륜보계金輪寶界를 관장한다. 치성광여래를 본존으로 모신 법당을 칠성각, 북극보전, 금륜보전이라 한다. 칠성각에는 무명실(실타래) 공양물이 보인다. 이를 '명다리'라고 부르는데 수명장수를 기원하는 의미다.

칠성은 보통 북두칠성을 말하지만, 칠성 신앙에서의 칠성은 북극성을 비롯한 북두칠성 등 모든 별자리와 관련 있다. 별자리를 대상으로 한 신앙은 인도에도 있었지만, 도교에서 나온 중국의 토착 신앙과 관련 깊다. 도교에서는 북극성과 북두칠성뿐만 아니라 별들이 인간의 운명을 좌우한다고 보았다. 북극성을 모든 별을 통솔하는 자미대제紫微大帝로, 북두칠성을 칠원성군七元星君으로 보았다.

따라서 민간 칠성 신앙과 도교 성수(별자리) 신앙이 혼합되어 칠성 신앙으로 나타난다. 일찍이 칠성에게 건강, 수명장수, 소원성취, 무사태평을 기원하였다.

불교가 중국에 들어오면서 도교와의 마찰을 피하고자 칠성 신앙은 약사 신앙과 결합한다. 도교의 자미대제는 치성광여래, 칠원성군은 칠여래로 받아들인다. 제7군이 약사여래다. 칠성탱화에는 치성광여래(북극성)를 중심으로 좌우로 총

일곱 분의 부처님(북두칠성)이 있다. 해와 달은 일광변조소재보살(일광보살)과 월광변조소재보살(월광보살)로, 치성광여래의 좌우 보처다.

강에 달 비친 듯 인연에 감응하여

—

『석문의범』「칠성청」

古聖興悲作七星　　고성흥비작칠성
人間壽福各司同●　　인간수복각사동
隨感赴緣●●如月印●●●　수감부연여월인
空界循環濟有情　　공계순환제유정

옛 성인이 자비심을 일으켜 칠성이 되고
인간의 수명과 복덕을 각각 똑같이 맡으셨다.
강에 달 비친 듯이 인연에 감응하여
허공계를 돌고 돌며 중생을 제도하신다.

● 各司同(각사동): 各司同에서 同 대신 明(명), 命(명)도 보인다.

●● 隨感赴緣(수감부연): 隨感赴緣 대신 隨緣赴感(수연부감), 緣赴感澄(연부감징: 인연에 따라 감응하여 맑게 한다) 등도 보인다.

●●● 如月印(여월인): 如月印 대신 澄潭月(징담월: 맑은 연못의 달)도 보인다.

◆ 남원 선원사 칠성각七星閣 ◆

칠성을 찬탄한 게송이다. 칠원성군인 칠여래의 역할은 다음과 같다.

    제1 탐랑성군인 운의통증여래는 자손에게 만덕을 준다.
    제2 거문성군인 광음자재여래는 장애와 재난을 없앤다.
    제3 녹존성군인 금색성취여래는 업장을 소멸시킨다.
    제4 문곡성군인 최승길상여래는 구하는 것을 모두 얻게 해 준다.
    제5 염정성군인 광달지변여래는 백 가지 장애를 없앤다.
    제6 무곡성군인 법해유희여래는 복덕을 고루 갖추게 해 준다.
    제7 파군성군인 약사유리광여래는 수명을 오래 연장해 준다.

칠여래가 자비를 베푸는 역할을 다르게 설명하지만, 살펴보면 복덕과 수명을 주관한다는 점에서 크게 차이가 없다.

가피를 감응이라 한다. '감'은 중생이 불보살님에게 다가가고, '응'은 불보살님이 이에 응하여 다가온다는 의미다. 마치 연못물이 맑아진 만큼[感] 달이 비치는 것[應]처럼 말이다. '수감부연여월인隨感赴緣如月印'을 직역하면, '물에 달이 비치는 것처럼, 다가옴에 따라 인연에 나아간다.'이다. 칠성여래는 허공을 돌며 다가오는 중생의 간절함에 응하여 제도한다.

별똥별을 보고 소원 빌던 추억이 새록새록 떠오른다. 요즈음에는 별똥별 보기가 하늘의 별 보기보다 어렵다.

여러 성군을 거느리는 자미대제

—

『석문의범』「칠성청」

紫微大帝統星君　자미대제통성군
十二宮中太乙神　십이궁중태을신
七政齊臨爲聖主　칠정제림위성주
三台共照作賢臣　삼태공조작현신

여러 성군 거느리는 자미대제는
십이궁 가운데 태을신이시다.
칠원성군이 함께 임하여 성주가 되고
삼태는 함께 비춰 어진 신하가 된다.

◆ 영동 영국사 삼성각三聖閣 ◆

칠성을 찬탄한 게송이다. 칠성각·독성각·산신각에 각각 칠성·독성·산신을 모시기도 하지만, 이들을 함께 모시기도 한다. 삼성각은 세 분을 함께 모신 법당이다. 이때는 칠성을 중심으로 좌우로 독성과 산신을 모신다.

북극성에 해당하는 도교의 화신 '자미대제'는 치성광여래로, 모든 별을 통솔한다. 이 북극성을 '태을신太乙神'이라고 한다. '십이궁十二宮'은 태양이 지나가는 길(황도)에 있는 열두 별자리에 해당한다. 북두칠성에 해당하는 도교의 화신 '칠원성군'은 칠여래로, 중생을 구원하는 성스러운 임금[聖主]이다.

삼태성三台星은 큰곰자리에 속한 별로서 자미성紫微星(북극성)을 지킨다고 하는 상태성上台星·중태성中台星·하태성下台星을 말한다. 이 '삼태'는 삼공三公의 지위에 있어 주로 덕을 베풀고 임금의 뜻을 널리 펴는 일을 하니, 어진 신하[賢臣]다.

별을 숭배하던 전통은 우리나라 고인돌에서도 흔적을 찾을 수 있을 만큼 역사가 길다. 별이 인간의 길흉화복과 수명을 지배한다는 믿음은 신앙으로 발전하였다. 특히 북두칠성은 수많은 별 중에서도 우리 삶의 시작과 끝을 관장하는 별로 여겨졌다. 신앙을 떠나서도 북극성과 북두칠성은 어두운 밤에 방향을 알게 해 주고 길을 안내하는 별로서, 길잡이 역할을 한다.

우리에게 불보살님이 그렇다. 따라서 별은 우리에게 불보살님이다. 별뿐만이 아니다. 내 마음을 내려놓으면 모두 불보살님이다.

나반 존자의 신통은 세상에 드물다

『석문의범』「독성청」

那畔神通世所稀　나반신통세소희
行藏現化任施爲　행장현화임시위
松巖隱跡經千劫　송암은적경천겁
生界潛形入四維　생계잠형입사유

나반 존자의 신통은 세상에 드무니
숨거나 나타남이 자유자재하시다.
소나무와 바위에 은거하며 천겁을 지내고
중생계에 자취 없이 사방으로 드나드신다.

◈ 고양 흥국사 삼성각 ◈

「독성청」에서 독성 나반 존자를 찬탄하는 가영이다. 독성각에는 그림 속에 하얀 수염과 긴 눈썹을 한, 신선 같은 느낌을 주는 할아버지 한 분이 있다. 바로 독성각의 주인 나반 존자로, 우리나라 불교 고유의 신앙 대상이 되는 분이다.

나반 존자가 누구인지는 명확하지 않다. 아라한, 즉 '나한'을 한자로 적다 보니 나반이 되었다는 견해가 있는가 하면, 나반 존자가 아라한의 이름이라는 견해도 존재한다. 그런데 경전을 보면 '나반'이라는 이름은 보이지 않는다. 혹은 십육 나한 중 첫 번째 나한인 '빈두로 존자'를 나반 존자로 보는 경우도 있다. 긴 눈썹과 흰 머리가 비슷하고, 뛰어난 신통력이 나반 존자와 같기 때문이다.

나반 존자는 석가모니 부처님의 제자로서 아라한과를 얻었다. 수기를 받아 남인도 천태산天台山에 있다가 부처님이 열반한 뒤 말법 중생의 복덕을 위해 출현한다. 나반 존자는 남인도 천태산에서 홀로[獨] 선정을 닦고 있는 성자[聖]이기에 독성獨聖 또는 천태존자라 한다. 이러한 이유로 나반 존자를 모신 법당이 독성각, 천태각이다.

나반 존자는 신통력이 뛰어나서, 행적을 숨기거나 중생을 제도하기 위한 나타남이 자재하다. 석가모니 부처님으로부터 '너는 열반에 들지 말고 말세 중생의 복전이 되어라.'라는 부촉을 받았기에 나반 존자는 열반에 들지 않고 천태산에 있으면서 중생을 자재로이 제도한다.

나반 존자 기도를 진행하면 간절함에 이렇게 들리고는 한다.

"나반존자, 나반존자, 나반존자, (…) 나만조아, 나만조아."

구름과 학을 타고 중생을 제도하다

『석문의범』「산신청」

靈山昔日如來囑　　영산석일여래촉
威振江山度衆生　　위진강산도중생
萬里白雲靑嶂裡　　만리백운청장리
雲車鶴駕*任閒情　　운거학가임한정

옛날 영축산에서 부처님의 부촉**을 받고
강산에 위엄을 떨쳐 중생을 제도하고
만 리 뻗은 흰 구름과 푸른 산속에
구름과 학을 타고 한가로이 노니신다.***

- • 雲車鶴駕(운거학가): 직역하면 구름 수레, 학이 끄는 수레.
- •• 부촉(付囑): 부처님이 제자에게 전법이나 중생 구제를 부탁하다.
- ••• 한가로이 노니신다: '한가로이 노니신다.'는 그냥 논다는 뜻이 아니라 자유자재하게 다니며 중생을 제도한다는 뜻이다.

◆ 공주 신원사 중악단中嶽壇 ◆

「산신청」에서 산신을 찬탄하는 가영이다. 불교는 다른 문화를 배척하기보다는 포용하였다. 『화엄경』에는 부처님 가르침과 불국토 수호의 역할을 하는 화엄신중華嚴神衆 가운데 주산신主山神이 있다. 그러므로 토속 신앙의 산신은 마찰 없이 사찰을 수호하는 신중으로 들어왔다.

우리나라는 국토 대부분 산이기에 예로부터 산신에 대한 믿음이 강하였다. 농사 등 우리의 삶을 보살펴 주는 이가 산신이라고 생각했고, 국가 차원에서도 산신제를 지냈다. 조선 시대에는 지리산 하악단, 계룡산 중악단, 묘향산 상악단에서 국가 차원으로 산신제를 지냈으나 지금은 계룡산 중악단만 남아 있다.

마을에서는 산이 생산의 근원이었다. 산이 물을 제때 품었다가 제때 내려줌으로써 한 해의 농사 여부가 달려 있다고 여겼다. 따라서 지금도 농산물을 상징하는 미나리, 오이, 당근 등과 더불어 술을 산신에게 올린다. 그런데 산신각에 올려진 술을 보면 꼭 뚜껑이 열린 상태이고, 주종도 막걸리 또는 소주가 대부분이다.

어느 절에 일하는 처사는 산신각에 올린 술을 가끔 몰래 먹었다. 이 사실을 안 스님은 법문 시간에 농담하듯 말하였다.

"우리 절 산신은 양주와 와인도 좋아합니다. 그리고 두고 두고 드시기도 하니, 뚜껑은 따지 않으셔도 됩니다."

순간 처사를 아는 신도들은 빵 터졌다.

산신이 되어 이 도량을 살피리라

太祖山神住聖主　태조산신주성주
坐視長天牙山湾　좌시장천아산만
王建太祖留王洞　왕건태조유왕동
三國統一養兵地　삼국통일양병지

태조산에 신령스럽게 머무는 성스러운 임
먼 하늘 아산만까지 앉아서 살피신다.
왕건 태조 임금이 머물렀던 동네며,
삼국을 통일할 때 병사를 훈련하던 곳이다.

◈ **천안 각원사 산신전山神殿** ◈

천안 각원사는 남북통일을 염원하여 1975년 태조산 기슭에 창건한 사찰이다. 각원사가 위치한 동네는 왕건이 머물던 마을이자 후삼국을 통일하기 전에 병사를 훈련하던 곳으로, 태조산에서 저 멀리 서해 아산만까지 보인다.

현재 산신각의 산신은 대부분 할아버지 산신이다. 간혹

지리산 쌍계사 삼성각처럼 할머니 산신이 있거나 마곡사 국사당처럼 할아버지 산신과 할머니 산신 두 분이 함께하기도 한다. 이는 예로부터 산을 바라보는 사람들의 생각과 시대의 문화 변화 때문이다.

어떤 이는 '처음 산신은 여산신이었다.'라고 말한다. 산은 어머니의 품처럼 모든 중생을 안아 주는 신으로 변했기에 여산신으로 등장하였다. 이후 음양 사상에 따라 여산신의 남편을 설정하여 부부 산신이 등장하였고, 조선 시대에 이르자 남존여비 사상에 따라 여산신은 남산신으로 바뀌게 되었다.

또 다른 견해도 있다. 옛날 인간에게 가장 두려운 존재는 호랑이였다. 그래서 사람들은 호랑이에게 산의 군자[山君]라는 아부성 명칭을 부여하였다. 호랑이는 곧 산신의 자리를 차지하게 되었고, 호랑이의 용맹스러움은 곧 할아버지 산신이 되었다.

또 사찰의 창건주가 산신이 된 경우도 존재하는데, 가령 선운사 삼성각에는 두 명의 산신이 있다. 이들은 원래 선운사를 창건한 검단 스님과 참당암을 창건한 의운 스님이었다. 이들은 열반한 뒤에도 불법을 지키고 전하며 중생과 함께하는 도솔산 산신이 되겠다고 발원하였다.

각원사 창건주 스님 또한 이후 태조산신이 되어 이 도량을 살피겠다고 염원하였다.

용왕이 비구름을 내리다

『석문의범』「용왕청」

施雨行雲四大洲● 시우행운사대주
五花●●秀出救千頭●●● 오화수출구천두
度生一念歸無念 도생일념귀무념
百穀以利海衆收 백곡이리해중수

동남서북 사대주에 비구름을 내리고
다섯 가지 꽃을 피워 많은 목숨 구제하신다.
일념으로 중생을 제도하며 무념으로 돌아가고
백곡으로 이롭게 하여 많은 중생을 거두신다.

● 四大洲(사대주): 고대 인도의 세계관 속 수미산을 중심으로 하는 구산팔해에서, 마지막 바다에 동남서북으로 동승신주, 남섬부주, 서우화주, 북구로주 네 대륙이 있다.

●● 五花(오화): 오색 광채를 은유한 듯하다.

●●● 千頭(천두): 千(천)은 많다는 뜻이다.

◆ 부산 해동용궁사 용궁단海宮壇 ◆

「용왕청」에서 용왕을 찬탄하는 게송이다. '천룡팔부'라고 하듯 용은 팔부신장 중 한 명이다. 큰 바다에 있으면서 동남서북 사대주에 구름을 불러 비를 내리는 신통을 지니며, 몸에는 오색의 광채를 두르고 오색을 마음대로 변화시킨다. 이러한 신통을 바탕으로 불법을 지키고 중생을 구제한다.

따라서 우리나라에서 용왕은 산신과 더불어 인간과 가까이 있으며 인간의 길흉화복을 좌우하고 질병을 고쳐 주며 비를 내려 온갖 곡식을 자라게 하여 중생을 이롭게 한다.

용왕각에 별도로 용왕을 모시기도 하며, 삼성각에 산신 등을 대신하여 모시기도 한다. 관음전에는 관음보살 보처로 해상용왕이 자리한다. 관음보살이 있는 보타락가산이 바다에 있으므로 자연스럽게 해상용왕이 보처로 자리한 것으로 보인다.

제6장.

수행의 현장에서 묻고 답하다

이곳은 부처님 뽑는 과거장이다

『속전등록』

十方同聚會   시방동취회
箇箇學無爲   개개학무위
此是選佛場   차시선불장
心空及第歸   심공급제귀

시방으로부터 같이 모여서
저마다 무위법을 배운다.
이곳은 부처님 뽑는 과거장이니
마음이 공한 자는 급제하여 돌아간다.

◈ **부산 금정사 일로향각一爐香閣**● ◈

중국 방거사龐居士(?~808)의 게송이다. 방거사는 중국 선불교

● 일로향각一爐香閣: 법당에서 아침저녁으로 향불 피우는 일을 맡아보는 노전승이 거처하는 곳으로, 대중 수행처다.

에서 거사로서 많은 이야기를 남긴 인물이다. 본래 이름은 방온龐蘊으로 유학자 집안에서 태어난 부호였다. 석두石頭 선사(700~790)를 자주 뵙고 불법에 가깝게 되면서 석두 선사의 '거사로서 공부하라.'라는 말을 받들어 평생을 거사로 공부했다.

방거사는 당대의 선사를 여러 명 만났다. 한번은 마조馬祖 선사(709~788)를 찾아가 물었다.

"만법으로 더불어 짝하지 않는 사람이 누구입니까?"

마조 선사가 말하였다.

"그대가 서강西江의 물을 한입에 다 마셔 버리면 말해 주겠다."

이 문답 끝에 선의 종지를 깨달은 방거사는 마조 문하에서 2년을 지냈다. 위 주련 게송이 이때 지은「급제귀及第歸」라는 게송이다.

큰 도량에는 여러 곳에서 온 수행자가 모여 수행한다. 출신·집안·근기·나이 등이 다르지만, 목적은 하나다. 무위법을 배우고자 함이다. 무위법은 모든 분별 망상을 내려놓은 깨달음의 세계, 진여, 열반이다.

도량이란 깨달음을 얻고자 수행하는 수행처다. 부처님을 뽑는 도량이 바로 '선불장選佛場'이다. 그런데 이곳에서는 글솜씨가 아닌 마음이 공해야 급제할 수 있다.

부처님의 무루지에 들게 하다

『법화경』「법사공덕품」|「방편품」

諸佛大聖尊　　제불대성존
教化衆生者　　교화중생자
三千大千界●　　삼천대천계
內外諸音聲　　내외제음성
度脫諸衆生　　도탈제중생
入佛無漏智●●　입불무루지

모든 부처님 대성존께서

중생을 교화하고자 (미묘한 법을 연설하신다.)

(법화경을 지니는 자는) 삼천대천세계 가운데

내외 모든 음성을 (다 듣고 분별하여 안다.)

모든 중생을 제도하여

부처님의 무루지에 들게 하신다.

- ● 三千大千界(삼천대천계): 三千大千界에서 界 대신 中(중)도 보인다.
- ●● 無漏智(무루지): 모든 번뇌[漏]가 없는 지혜.

◆ 평창 월정사 대법륜전大法輪殿* 선불장選佛場** ◆

　이 게송은 『법화경』에서 발췌하였다. 제1구~제4구는 제19품 「법사공덕품」, 나머지 구는 제2품 「방편품」 게송이다.
　앞부분은 『법화경』을 지니는 공덕을 찬탄한 내용이다.
　'모든 부처님 대성존께서 중생을 교화하고자[諸佛大聖尊 教化衆生者] 법회에서 미묘한 법을 연설하신다. 이 『법화경』을 지니는 이는 그 말씀을 다 들으며, 삼천대천세계 안팎의 모든 음성[三千大千界 內外諸音聲], 아비지옥 아래에서 유정천의 위까지 그 가운데 나는 소리를 빠짐없이 다 들어도 그 귀는 총명하여 이근耳根이 성장하므로 모든 소리 능히 듣고 분별하여 안다.'
　뒷부분은 내용은 이렇다.
　'모든 여래께서는 많은 방편으로 중생을 제도하여 부처님의 지혜인 무루지無漏智에 들게 하신다[度脫諸衆生 入佛無漏智].'

● 　대법륜전大法輪殿: 큰 법을 굴리는 법당이라는 뜻으로 사찰에서 강당을 의미한다. 월정사 대법륜전 현판 아래에는 '선불장選佛場'이라는 현판이 있다.

●● 　선불장選佛場: 부처님을 뽑는 도량이라는 뜻이다. 승당僧堂, 선방禪房을 지칭한다. 승당은 수행 공간으로 선불장, 수선당修禪堂, 심검당尋劍堂 등의 현판이 걸려 있다.

목숨을 버릴지언정 파계하지 않으리라

『석문의범』「수계편」

自從今身至佛身　자종금신지불신
堅持禁戒不毀犯　견지금계불훼범
唯願諸佛作證明　유원제불작증명
寧捨身命終不退　영사신명종불퇴

지금의 몸으로부터 불신에 이르도록
금계를 굳게 지켜 범하지 않겠습니다.
오직 원컨대 모든 부처님께서 증명하여 주십시오.
목숨을 버릴지언정 물러나지 않겠습니다.

◆ 안동 봉정사 무량해회無量海會 ● ◆

『석문의범』「수계편」에 나오는 입지게立志偈이다. 각종 수계

● 무량해회無量海會: 많은 수행자가 수행하는 모임.

의식에서 수계의 뜻을 굳게 세우기 위해 읊는 게송이다. 새벽 종송 때도 이 게송을 읊는다.

"만약 계행戒行이 없으면 비루먹은 여우의 몸도 받지 못한다 했는데, 하물며 청정한 지혜의 열매를 바랄 수 있겠는가. 계율 존중하기를 부처님 모시듯 한다면, 부처님이 늘 있는 것과 다를 게 없다."

_서산 대사, 『선가귀감』

모든 수행은 계정혜戒定慧 삼학三學에 포함된다. 계를 그릇에 비유하면, 정(선정, 마음 집중)은 그릇에 담긴 물이 고요한 상태다. 이때 그릇 안에 삼라만상이 비치는 것은 혜다. 그릇인 계율이 없거나 온전하지 않으면 고요한 물인 선정은 제대로 자리 잡지 못하고, 더욱이 삼라만상을 비추는 지혜는 어림도 없다. 계율과 선정이 자리 잡아야 비로소 지혜가 일어난다. 계율과 선정이 수레의 두 바퀴라면 지혜는 수레에 해당한다.

신라의 자장 스님은 나라의 재상 자리를 맡지 않으면 죽인다는 왕의 명령에 이렇게 말하였다.

"내가 차라리 하루를 계를 지키다 죽을지언정 백 년이라도 파계하고는 살지 않으리라."

도를 배운다면 처음처럼

―

『고봉원묘선사선요高峰原妙禪師禪要』

學道如初不變心　학도여초불변심
千魔萬難愈惺惺　천마만난유성성
直須敲出虛空髓　직수고출허공수
拔卻金剛腦後釘　발각금강뇌후정
突出眼睛全體露　돌출안정전체로
山下大地是空華　산하대지시공화

도를 배운다면 처음처럼 마음이 변치 않아야
온갖 마장과 갖가지 어려움에 더욱 성성하리라.
곧바로 모름지기 허공의 골수를 두드려 빼내고
금강처럼 단단한 뒤통수에 박힌 못을 뽑아 버려라.
눈동자가 돌출하여 전체가 드러나면
산하대지가 허공의 꽃이다.

영천 은해사 심검당尋劍堂

『고봉원묘선사선요』(『선요』), 『고봉원묘선사어록』에 수록된 게송이다. 『선요』는 고봉원묘高峯原妙 선사(1238~1295)가 간화선 공부의 요체를 설한 법문 모음집으로, 전통 강원의 한 과목이다. 주련 앞 4구는 뒤 2구보다 『선요』에서는 훨씬 뒤에 나온다.

처음 도를 구할 때의 마음이 이후에도 변하지 않는다면, 온갖 마장과 어려움이 있더라도 오히려 깨어 있어 성성하다. 이에 바로 걸림 없고 한없는 마음의 근본(골수)을 얻고, 금강처럼 단단한 집착에 뿌리 박은 무명無明의 못을 뽑아 버릴 수 있다.

뒤 2구는 출가 의지를 망각하고 물러나고자 하는 이를 격려하는 게송이다. 뒤 2구의 나머지 앞부분은 이렇다.

此心淸淨本無瑕　차심청정본무하
只爲貪求被物遮　지위탐구피물차

이 마음이 청정하여 본래 티가 없는데

- 심검당尋劍堂: 지혜의 칼을 찾는 집이라는 뜻이다.

단지 탐하여 구하다가 사물(경계)에 막혀 버렸다.

그런데 눈동자가 돌출하듯 혜안을 얻게 되면, 모든 것은 허공에 핀 꽃처럼 헛된 욕심으로 만든 허상일 뿐이다.

힘이 센 뇌공이 소리를 감추지 못해

—

『초의시고艸衣詩藁』

寺下淸江江上烟　　사하청강강상연
峰巒如畵揷蒼天　　봉만여화삽창천
有力雷公藏不得　　유력뇌공장부득
玄冥搨*在殿中間　　현명탑재전중간
百花香動鷓鴣啼　　백화향동자고제

절 아래로는 맑은 강물, 강 위로는 물안개,
그림 같은 산봉우리는 푸른 하늘을 찌른다.
힘이 센 뇌공이 소리를 감추지 못해
현명은 전각 가운데 드리워 있다.
온갖 꽃향기가 진동하고 자고새가 지저귄다.

- 搨(탑): 搨(탑: 겹겹이 쌓이다, 덮다) 대신 榻(탑: 의자)도 보인다.

◆ 남양주 수종사 심검당 ◆

수종사는 경기도 남양주시 운길산(610m) 8부 능선에 위치한다. 절 앞은 넓게 트여 북한강과 남한강이 만나는 두물머리 지역으로, 겹겹이 펼쳐지는 산과 두 강이 어우러진 모습이 참으로 장관이다. 이 때문에 예로부터 동방 사찰 중 제일의 풍광이라 칭송하였다.

세조가 오대산에 갔다 돌아오는 때였다. 이곳 두물머리에서 야경을 즐기던 중, 운길산에서 때아닌 종소리가 들렸다. 확인해 보니 천년 고찰터로, 바위벽에는 십팔 나한상이 있었고 그 바위틈에서 물방울이 떨어지며 종소리가 나고 있었다. 세조는 절을 복원하게 하고 '수종사水鍾寺'라 이름하였다.

위 주련은 초의草衣 선사(1786~1866)가 수종사에 머물면서 지은 시다. 앞 4구에 같은 시의 다른 한 구절을 덧붙였다. 제1구, 제2구는 수종사의 풍광을 찬탄한다. 제3구, 제4구는 해석이 분분한데, 나의 지인은 수종사 창건과 연관하여 풀이한다.

"'뇌공雷公'은 천둥의 신, '현명玄冥'은 오행 중에 수水를 관장하는 신입니다. 세조가 한밤에 들었다는 큰 종소리를 제3구, 바위틈에서 물이 떨어지는 것을 보고 세조가 절을 창건하게 되었다는 것을 제4구로 읊지 않았을까요?"

흥미로운 풀이다. 제5구는 같은 시 '항상 강남의 3월을 생각하니, 온갖 꽃향기가 진동하고 자고새가 지저귄다[常憶江南三月裏 百花香動鷓鴣啼].'에서 가져왔다. 초의 선사가 옛글에서 인용한 것인데, 제5구는 앞 4구에 자연스럽게 이어져서 도량을 장엄하는 듯하다.

법문을 어찌 일찍이 설하였겠는가

金口˙默坐本無說　금구묵좌본무설
雪山苦行無行跡　설산고행무행적
心身不動如虛空　심신부동여허공
無量法門何曾說　무량법문하증설

금구는 고요히 본래 설한 것이 없고
설산에서 고행은 행적이 없다.
몸과 마음이 움직이지 않아서 허공과 같으니
한량없는 법문을 어찌 일찍이 설하셨겠는가.

◆ **의성 고운사 무설전無說殿** ◆

게송 출처는 알 수 없다. 부처님은 45년 동안 팔만사천법문을 설하였는데, 열반할 무렵 이때까지 한 말씀이 없다고 하였다. 부처님의 많은 행적도 없다고 한다. 이유는 이렇다.

- 金口(금구): 부처님의 입을 존칭하여 부르는 말.

첫째, '여래는 일체중생을 위해 모든 법을 연설하지만, 실로 설한 것이 없다. 설한 것이 있다면 유위법이다. 여래 세존은 유위가 아니다.'● 유위법有爲法은 마음의 분별 작용으로 드러난 것이며 언어로 구분한다. 반면에 궁극의 경지, 깨달음의 세계, 진여, 법성은 무위無爲로서 일체 분별이 사라지고 언어가 끊어진 자리다. 언어도단 심행처멸이다.

法性不在於言論　법성부재어언론
無說離說恒寂滅　무설이설항적멸

법성法性은 언론言論에 있지 않다.
말 없고 말을 떠나 항상 고요하다.
_『화엄경』「여래출현품」

둘째, "언어를 온전하게 알 수 없다. 곧 모든 부처님의 비밀스러운 말씀이다. 부처님은 비록 설한 것이 있지만, 중생은 이해할 수 없다. 이에 '말이 없다[無語].'라고 한다."●●
부처님은 말하였지만, 중생들이 그 비밀스러운 뜻을 다

● 『대반열반경』「영아행품」 참조.
●● 『대반열반경』 참조.

이해할 수 없다. 그러므로 '말이 없다.'라고 하였다.

그러나 중생 제도를 위해서는 방편으로 언어를 사용하여 말할 수밖에 없다. 그리고 중생이 다양하니 방편의 말씀 또한 다양하다. 따라서 경전을 강을 건너는 뗏목에 비유한다.

소가 되어도 콧구멍 뚫을 곳이 없다

『경허집鏡虛集』

忽聞人語無鼻孔　홀문인어무비공
頓覺三千是我家　돈각삼천시아가
六月燕巖山下路　육월연암산하로
野人無事太平歌　야인무사태평가

문득 콧구멍 뚫을 곳이 없다는 말을 듣고
몰록 삼천대천세계가 내 집임을 깨달았다.
유월이라, 연암산 아랫길에는
농부들은 한가롭게 태평가를 부른다.

◆ 서산 천장암 법당法堂 ◆

경허 선사의 오도송이다. 긴 시문인 오도가悟道歌 끝부분에 있는 게송으로,「행장行狀」의 내용이다.

사미의 부친인 이李 처사가 사미의 스승에게 말했다.

"스님이 된 자는 필경 소가 되지요."

사미의 스승이 말했다.

"스님이 되어 심지心地를 밝히지 못하고 단지 신도의 시주만을 받으면 반드시 소가 되어 그 시은施恩을 갚게 마련입니다."

"소위 사문으로서 이처럼 맞지 않은 대답을 한다는 말입니까?"

"나는 선지禪旨를 알지 못하니, 어떻게 대답해야 옳겠습니까?"

"어찌 소가 되어도 콧구멍을 뚫을 곳이 없다고 말하지 않습니까?"

사미의 스승은 아무 말도 하지 못하고 절로 돌아왔다. 사미의 스승은 경허 선사에게 이 처사의 말을 그대로 전하였다. '소가 되어도 콧구멍을 뚫을 곳이 없다.'라는 대목에 이르러 경허 선사의 눈이 번쩍 뜨였다. 문득 깨달아 고불미생전古佛未生前 소식이 눈앞에 활짝 드러났다. 1879년 겨울 11월 보름께였다.

이듬해 봄, 경허 선사는 연암산 천장암에 와서 머물렀다. 그곳은 속가의 형인 태허 선사가 모친을 모시고 있는 암자로, 이곳에서 오도송과 오도가를 지었다.

경허 스님은 참선에 몰두하기 전에 교학에 뛰어났다. 어느 날 역질 창궐에 목숨이 호흡 사이에 있음을 알고 '이번 생에 차라리 바보가 될지언정 문자에 구속받지 않고 조사의 도를 찾아서 삼계를 벗어나리라.'라고 다짐하였다. 그런데 교학을 공부한 습성으로 알음알이가 생겨 공안(화두)을 참구할 수가 없었다.

이 게송을 접하는 지금, 교학 공부하듯 하는 것은 아닌지.

꽃을 드니 미소를 짓다

—

『선문염송禪門拈頌』●

靈鷲拈花示上機　　영축염화시상기
肯同浮木接盲龜●●　　긍동부목접맹구
飮光●●●不是微微笑　　음광불시미미소
無限淸風●●●●付與誰　　무한청풍부여수

영축산에서 꽃을 들어 상근기에 보이니,
눈먼 거북이 떠다니는 나무를 만난 것과 같다.

● 『선문염송禪門拈頌』: 고려 혜심慧諶 스님이 1226년에 저술하였다. 여러 선사의 어록과 전법을 연대별로 분류하여 선가의 옛이야기 1,125칙을 전한다. 『염송』이라 한다.

●● 浮木接盲龜(부목접맹구): 이 땅이 모두 큰 바다로 변할 때 오래 산 눈먼 거북이 있었다. 그 거북은 바닷속에 있다가 백 년에 한 번 머리를 바다 위로 내민다. 구멍이 하나뿐인 나무가 바다에 떠다니는데, 이 눈먼 거북이 바다 위로 머리를 내밀 때 나무 구멍 사이로 내밀 가능성은 얼마나 될까? 이보다 사람 몸 받기가 더 어렵다. 불법 만나기는 더더욱 어렵다. 『잡아함경』「맹구경」 참조.

●●● 飮光(음광): 가섭 존자를 가리키는 말이다. 부처님 열반 후 교단을 이끌었다.

●●●● 無限淸風(무한청풍): 『석문의법』에는 無限淸風으로 실려 있지만, 『염송』에는 風 대신에 香(향)으로 되어 있다.

가섭 존자가 미소를 짓지 않았으면
한없는 맑은 바람을 누구에게 주었을까.

◆ 구미 도리사 태조선원太祖禪院 ◆

염화시중拈花示衆, 염화미소拈花微笑에 대한 게송이다. 예로부터 염화게拈花偈라 하여 선가에서 애송하였다. 이 염화게는 『석문의범』을 비롯한 여러 불교 의식집에 실려 있다.

부처님은 영축산에 대중과 함께하였다. 부처님이 꽃을 들자 가섭 존자만이 미소 지은 것을 보고 부처님은 말하였다.

"나의 정법안장正法眼藏과 열반묘심涅槃妙心을 그대에게 부촉하니, 그대는 세상에 유포하여 단절하지 않도록 하라."

이에 대해 많은 물음이 오갔다.

"일러 보라. 가섭이 어김없이 알아들은 사안은 무엇일까?"

"세존께서 '나의 정법안장을 가섭 존자에게 전한다.'라고 하신 말씀은 무슨 뜻일까?"

덧붙이자면, 설사 그때 마하가섭이 미소짓지 않았더라도 다른 때 누군가 한없이 맑은 바람을 느꼈을 것이다.

참으로 공한 가운데 묘하게 있어

一念*現前微**喚時　일념현전미환시
天地萬物不聞聞　　천지만물불문문
風雲造化無用處　　풍운조화무용처
眞空妙有不見見　　진공묘유불견견
是甚麼　　　　　　시심마

일념이 현전하여 외침이 없을 때
천지 만물 가운데 들음 없이 듣고,
바람과 구름의 조화가 작용하지 않는 곳
참으로 공한 가운데 묘하게 있어, 봄이 없이 본다.
이 뭐꼬?

● 一念(일념): 여기서는 '한 생각'이라는 뜻보다는 '분별 망상이 없는 일념'으로 풀이하였다.
●● 微(미): '없다', '아니다'라는 뜻이 있다.

◆ 문경 김룡사 설선당說禪堂 ◆

출처는 알 수 없지만, 설선당에 어울리는 게송이다. 선禪은 설說하는 것이 아니라 체험이다. 그런데도 선을 설한다고 하니, 들음 없이 듣고 봄이 없이 본다.

'진공묘유眞空妙有'에서 '진공'은 모든 분별 망상이 사라진 자리다. 일념으로 모든 분별이 사라져 규정하고 한계 짓는 언어가 사라진 자리다. 언어도단 심행처멸이다. 그렇지만 바람과 구름의 조화와 같은 모든 분별이 사라진 자리에 아무것도 없는 것은 아니다. 묘하게 있다[妙有].

깨달음의 세계인 진여, 일심一心은 공空과 불공不空이 함께한다. 일심에는 분별 망상이 없으며[空], 번뇌 없는 성품의 공덕[無漏性功德]은 없지 않다[不空]. 이 공덕으로 참으로 공한 가운데[眞空] 삼라만상이 묘하게 있다[妙有].

따라서 일념에 이르면, 분별 망상으로 듣는 것이 아니라 진실한 말을 그대로 듣고, 분별 망상으로 보는 것이 아니라 삼라만상을 있는 그대로 본다.

이 설명 또한 선禪을 말로 하는 것이니, 그 도리를 어찌 알겠는가. 물음 없이 물어갈 뿐.

"이 뭐꼬?"

나는 누구인가?

『석문의범』「순치황제출가시」

未生之前誰是我 미생지전수시아
我生之後我爲誰 아생지후아위수
長大成人纔是我 장대성인재시아
合眼朦朧又是誰 합안몽롱우시수

태어나기 전에 누가 나며
내가 태어난 후에 나는 누구인가?
자라나 성인이 되어 비로소 나더니
눈감고 몽롱하면 또한 이는 누구인가?

◈ **안동 봉정사 고금당**古今堂 ◈

『석문의범』에 있는 「순치황제출가시」다. 청나라 제3대 순치제順致帝(1638~1661)가 과연 출가했는지, 왜 출가했는지, 이 출가시가 그의 작품인지 등 의견이 분분하다.

무아無我는 불교의 근본 가르침이다. 그러나 '누가 나고, 나는 누구인가?'라는 질문은 불교를 떠나서 누구나 가지는 의문이다.

불교 종립학교를 다닐 때 교학 선생님은 참선 시작 전에 꼭 말하였다.

"이 몸뚱이를 끌고 다니는 놈이 누구인가? 한 번 생각해 본다."

수십 년이 지났는데, 아직도 모르겠다.

대장부가 가는 곳이 고향이다

—

만해萬海 스님 오도송

男兒到處是故鄕　　남아도처시고향
幾人長在客愁中　　기인장재객수중
一聲喝•破三千界　　일성할파삼천계
雪裡桃花片片飛　　설리도화편편비

남아가 가는 곳이 고향인데
몇 사람이나 나그네 시름에 오래 잠겨 있는가.
일성으로 할을 하여 삼천대천세계를 부수니
눈 속에 복사꽃이 펄펄 날아다닌다.

• 喝(할): '갈'이라 발음하지만, 여기에서는 '할'이라 읽는다.

◈ 설악산 백담사 만해당萬海堂 ◈

만해 한용운 스님(1879~1944)은 독립운동가 민족대표 33인 가운데 한 명이다. 백담사에 머물면서 『님의 침묵』, 『조선불교유신론』 등을 집필하였다.

이 게송은 만해 스님의 오도송이다. 정진 중 물건이 떨어지는 소리를 듣고 홀연 깨달음을 얻고 이 오도송을 읊었다.

'남아男兒'는 여기서 출격장부出格丈夫를 말한다. 줄여서 장부라고 하며 견성한 자다. 격식에서 벗어나 어디에도 얽매임이 없는 당당한 사람이다. '고향故鄕'은 마음의 본성, 마음자리를 말한다. 수행자가 깨달으면 모든 곳이 고향이고, 깨닫지 못하면 타향이라, 나그네 시름에 잠겨 있다.

'할喝!' 한 소리는 깨달음에서 나오는 일성이다. 그 일성에 삼천대천세계가 무너지고, 눈 속에 복숭아꽃이 펄펄 나부낀다. 대자유인인 대장부의 기개와 마음자리가 그러하다.

'가는 곳마다 주인이 되고 서 있는 곳마다 참되다[隨處作主 立處皆眞].'•라는 말을 생각하게 하는 경지다.

• 『임제록臨濟錄』 참조.

화롯불에 눈송이요 햇볕에 이슬이라

—

성철 스님 출가시出家詩

彌天大業紅爐雪　미천대업홍로설
跨海雄基赫日露　과해웅기혁일로
誰人甘死片時夢　수인감사편시몽
超然獨步萬古眞　초연독보만고진

하늘에 넘치는 큰일도 붉은 화롯불에 한 점 눈송이고
바다를 덮는 큰 기틀도 밝은 햇볕에 한 방울 이슬이다.
그 누가 잠깐의 꿈속에 꿈으로 살다가 죽겠는가.
만고의 진리를 향해 초연히 홀로 걸어가겠다.

◆ **제주 서귀포 법성사 설선당** ◆

성철 스님(1912~1993)의 출가시다. 많은 가르침을 준 도인으로 칭송한다. 무엇보다 아래 성철 스님의 열반송涅槃頌은 한 번쯤 들어 보았을 것이다.

生平欺誑男女群 생평기광남녀군
彌天罪業過須彌 미천죄업과수미
活陷阿鼻恨萬端 활함아비한만단
一輪吐紅掛碧山 일륜토홍괘벽산

일생 동안 남녀 무리를 속여서
하늘을 넘치는 죄업은 수미산을 지나친다.
산채로 무간지옥에 떨어져서 한이 만 갈래나 되니
한 수레바퀴 붉음을 내뿜으며 푸른 산에 걸렸다.

이 열반송은 부처님이 45년 동안 팔만사천법문을 설하였는데 열반할 무렵 이때까지 한 말씀이 없다고 말한 것과 같은 맥락이다. 스님의 열반송이 품은 의미를 살펴보지 않고 글자에 속아 그 뜻을 왜곡하는 이가 종종 있다.

불자들을 위해 한 말씀만 청하는 이에게 성철 스님은 말하였다.

"내 말에 속지 마라."

하늘은 이불, 땅은 자리, 산은 베개

―

『진묵조사유적고震黙祖師遺蹟考』•

天衾地席山爲枕　　천금지석산위침
月燭雲屛海作樽　　월촉운병해작준
大醉居然••仍起舞　대취거연잉기무
却嫌長袖掛崑崙　　각혐장수괘곤륜

하늘은 이불, 땅은 자리, 산은 베개가 되고
달은 촛불, 구름은 병풍, 바다는 술통으로 삼는다.
크게 취해 있다가 일어나 춤을 추니
행여 긴 소매가 곤륜산에 걸릴까 염려되는구나.

- • 『진묵조사유적고震黙祖師遺蹟考』: 초의 선사가 저술하였다.
- •• 居然(거연): 居然 대신 遽然(거연: 허둥지둥하는 모습)도 보인다.

◆ **부여 무량사 우화궁**雨花宮 ◆

『진묵조사유적고』에 서술된 진묵 스님 게송이다. 진묵震黙 스님(1562~1633)은 살아 있는 부처님, 생불生佛로 추앙받았다. 임진왜란과 병자호란 등의 참혹한 전란 속에서 민중을 위하면서도 어디에도 걸림이 없는 무애행無碍行을 실천한 그는 세상사에 달관한 지혜로운 분이자 무한한 자비심을 지닌 분이었다.

진묵 스님은 재미있는 일화도 많다. 매운탕을 먹고 볼일을 보니 물고기가 살아 나온 이야기, 솔잎으로 물을 뿌려 해인사의 불을 끈 이야기, 어머니를 위해 산신을 불러 모기를 없앤 이야기 등.

위 주련에는 진묵 스님의 무애자재한 모습이 저절로 나타난다. 대장부의 배포가 저 정도는 되어야 하는데. 설사 저 정도는 아닐지라도 밴댕이 소갈딱지 같은 마음은 언제쯤 벗어날꼬.

이번 생을 헛되이 보내지 말도록 하라

『경허집』

細推今舊事堪愁	세추금구사감수
貴賤同歸一土邱	귀천동귀일토구
漢武玉堂*塵已沒	한무옥당진이몰
石崇金谷**水空流	석숭금곡수공류
光陰乍曉仍還夕	광음사효잉환석
草木纔春卽到秋	초목재춘즉도추
在世***若無毫末善	재세약무호말선
死將何物答冥侯	사장하물답명후

고금의 일을 자세히 살펴보니 매우 시름겹다.
귀한 이나 천한 이나 한 흙으로 똑같이 돌아간다.

●   漢武玉堂(한무옥당): 주련에는 梁武(양무)도 보인다. 전한前漢 무제武帝 때 건장궁建章宮을 세웠는데, 그 남쪽에 옥당玉堂이라는 궁전이 있었다.

●●   石崇金谷(석숭금곡): 석숭은 진晉나라 때 부호로 금곡원金谷園이라는 별장을 지어서 빈객들을 모아 놓고 호사스러운 술자리를 열었다.

●●●   在世(재세): 주련에는 處世(처세)도 보인다.

한무제의 옥당도 티끌 되어 사라졌고
석숭의 금곡도 물만 쓸쓸히 흐른다.
시간은 잠깐 새벽이다가 이내 저녁이고
초목은 겨우 봄이 왔다가 문득 가을이다.
세상에 있을 적에 만약 털끝 같은 선행도 없다면,
장차 죽어 무엇을 가지고 염라대왕에게 대답하겠는가.

◈ 서울 진관사 나가원那迦院 ◈

당나라 문인 설봉薛逢(생몰 미상)의 「도고悼古(옛날을 슬퍼함)」라는 시에 근거해 작성한 「고인무상고古人無常誥」다.

경허 스님은 「결동수정혜동생도솔동성불과계사문結同修定慧同生兜率同成佛果稧社文(함께 정혜를 닦아 함께 도솔천에 나서 함께 불과를 이루는 계사를 결성하는 글)」 끝부분에 '고덕이 세상을 탄식한 시'라며 이 시를 인용하였다. 이어서 '고덕이 수행을 권면하는 글'을 인용한 뒤에 당부하였다.

"머리에 붙은 불을 끄듯이 정진하고 이번 생을 헛되이 보내지 말도록 하라."

믿음은 도의 으뜸이며 공덕의 어머니

『화엄경』「현수품」

信爲道元功德母　신위도원공덕모
長養一切諸善法　장양일체제선법
斷除疑網出愛流　단제의망출애류
開示涅槃無上道　개시열반무상도

믿음은 도의 으뜸이며 공덕의 어머니
모든 선한 법을 길러 내어서
의심의 그물을 끊어 없애고 애욕의 흐름에서 벗어나
열반의 위없는 도를 열어 보인다.

◈ 제주 선림사 무설전 ◈

모든 일은 믿음으로 시작한다. 설마 하는 마음도 털끝 같은 믿음이 있기에 가능하다. 무관심이면 쳐다보지도 않는다. 그런데 믿음 하면 맹신을 떠올린다.

믿음과 맹신을 구별하기 위한 중요한 내용이 바로 '지혜'다.

> "만일 사람이 신심은 있으나 지혜가 없으면 이 사람은 무명을 키우고, 지혜는 있으나 신심이 없으면 이 사람은 그릇된 소견을 키우게 된다."
> _『열반경涅槃經』「가섭보살품」

요즈음 '긍정'이라는 말이 중요시된다. '긍정적 사고'가 있어야 '긍정적 힘'이 생기고 미래를 활기차게 펼쳐 나갈 수 있다고 한다. 이 '긍정'이라는 말은 곧 믿음과 관계 깊다. 오늘에 대한 믿음, 내일에 대한 믿음, 나에 대한 믿음, 주위 여건에 대한 믿음, 그 믿음이 전제되어야 긍정적 사고가 가능하다.

믿음! 이는 종교에서만 중요한 것이 아니다. 믿음은 모든 생활에 있어서 대단히 중요하다. 믿음이 전제되지 않으면 긍정적인 사고나 희망이 있을 수 없다. 믿음은 희망을 낳는다. 믿음과 지혜가 함께한다면 금상첨화다.

대자유의 세계로 내딛는 사찰 주련 한 구절

한국인이 가장 좋아하는
절집 말씀

ⓒ 목경찬, 2025

2025년 7월 28일 초판 1쇄 발행

지은이 목경찬
발행인 박상근(至弘) • 편집인 류지호 • 편집이사 양동민
책임편집 정유리 • 편집 김재호, 양민호, 김소영, 최호승, 이란희, 이진우 • 디자인 쿠담디자인
제작 김명환 • 마케팅 김대현, 김대우, 이선호, 류지수 • 관리 윤정안
콘텐츠국 유권준, 김희준
펴낸 곳 불광출판사 (03169) 서울시 종로구 사직로10길 17 인왕빌딩 301호
　　　　대표전화 02) 420-3200 편집부 02) 420-3300 팩시밀리 02) 420-3400
　　　　출판등록 제300-2009-130호(1979. 10. 10.)

ISBN 979-11-7261-184-2 (03220)

값 18,000원

잘못된 책은 구입하신 서점에서 바꾸어 드립니다.
독자의 의견을 기다립니다. www.bulkwang.co.kr
불광출판사는 (주)불광미디어의 단행본 브랜드입니다.